DOCUMENTS NOUVEAUX

SUR

L'APPARITION DE LA SALETTE

APPROBATION

DE MONSEIGNEUR L'ÉVÊQUE DE GRENOBLE

Grenoble, le 16 juillet 1852

Monsieur l'abbé,

Je ne puis assez louer le zèle persévérant avec lequel vous travaillez à faire connaître et invoquer Notre-Dame de la Salette. Votre nouvel ouvrage, dont je vous renvoie le manuscrit, en montrant le triste et formel accomplissement de quelques-unes des menaces de la sainte Vierge, est capable de faire rentrer en eux-mêmes un grand nombre de chrétiens insensibles aux avertissements du Ciel. Puissent-ils, puissions-nous tous, par une pénitence sincère, apaiser la colère de Dieu.

Je me recommande à vos prières, en vous offrant l'assurance de mon affectueux dévoûment.

✝ PH., *Évêque de Grenoble.*

Sanctuaire de Marie à la Salette

DOCUMENTS NOUVEAUX

SUR L'APPARITION

DE LA SALETTE

ET SES SUITES MERVEILLEUSES

PAR M. L'ABBÉ LEMEUNIER

AUMONIER DE L'HOSPICE CIVIL DE SÉEZ

Solve vincla reis,
Profer lumen cæcis,
Mala nostra pelle,
Bona cuncta posce.

Off. Ecc.

PLANCY
Société de Saint - Victor
pour les bons livres
ARRAS
Rue Ernestale, n° 289

PARIS
Sagnier et Bray, rue des
Saints-Pères, 64
AMIENS
Rue de Noyon, 47

1853

PUBLICATION DE LA SOCIÉTÉ DE SAINT-VICTOR

—

PROPRIÉTÉ

—

Plancy, Typ. de la Société de Saint-Victor — J. COLLIN imp.

DOCUMENTS NOUVEAUX

SUR

LE FAIT DE LA SALETTE

SOMMAIRE

Depuis la publication de mon *Pèlerinage* en 1848 et de mes *Étrennes spirituelles* en 1849, des évènements graves touchant la Salette se sont accomplis :

Le fait lui-même de l'apparition a été porté à la connaissance du Souverain-Pontife ;

Le secret des bergers lui a été révélé :

Pie IX, justement effrayé des malheurs dont l'Église et la société étaient menacées, a prié et fait prier pour la paix du monde ;

La France et l'Europe ont été *miraculeusement* préservées de maux incalculables près de fondre sur elles ;

Mgr l'évêque de Grenoble a prononcé *un jugement doctrinal* par lequel il déclare *indubitable et certaine l'apparition de la sainte Vierge aux bergers des Alpes ;*

Le même prélat, par une lettre pastorale, a annoncé la bénédiction et la pose de la première pierre du nouveau sanctuaire que la piété des fidèles va élever à Marie sur la montagne privilégiée ;

Cette cérémonie a eu lieu le 25 mai 1852, en présence d'une foule immense de pèlerins accourus de tous côtés pour être témoins d'un si touchant spectacle ;

Plusieurs des menaces faites par la sainte Vierge le 19 septembre 1846 ont déjà eu leur triste accomplissement : tout nous fait craindre que les autres ne viennent aussi à se réaliser.

Des jours prospères sont encore promis à la France, par la reine du ciel, si elle revient à Dieu et se convertit ;

De nombreux bienfaits sont sans cesse obtenus par l'invocation de Notre-Dame de la Salette :

Tels sont les principaux faits dont le récit fait la matière de ce nouvel ouvrage sur la Salette.

Vierge puissante et pleine de bonté, vous avez daigné accueillir avec faveur mes premiers essais : veuillez encore, je vous en conjure, répandre une bénédiction toute spéciale sur ce nouveau travail, que je consacre également à votre gloire et au salut de mes frères !

Un profond sentiment de respectueuse gratitude, et le désir de servir une cause qui a toutes mes sympathies, m'engagent à insérer au commencement de ce nouveau volume sur la Salette quelques lettres que d'éminents prélats m'ont fait l'honneur de m'écrire, par suite de la publication de mon *Pèlerinage*.

—

LETTRE DE MONSEIGNEUR L'ARCHEVÊQUE DE SENS,
ancien évêque de Séez.

Sens, le 26 Juillet 1850.

Monsieur l'abbé,

J'ai reçu, par le courrier de ce jour, les deux opuscules que votre lettre en date du **24** était venue m'annoncer hier. Ce souvenir de votre part me touche sensiblement : c'est vous dire tout l'intérêt que je mettrai à lire la relation de votre *Pèlerinage à la Salette* et vos *Étrennes spirituelles*.

Que vous êtes heureux d'avoir pu visiter ces lieux témoins de tant de merveilles de la puissante intervention de Marie en faveur de tous ceux qui l'invoquent avec confiance et amour ! Son nom de la Salette n'est pas inconnu dans nos contrées, et il ne tiendra pas à moi qu'il n'y soit béni et glorifié davantage.

Je n'oublierai pas la promesse que vous m'avez faite de venir nous visiter à votre retour de votre second pèlerinage.

Nous sommes pour ainsi dire à la veille de l'exécution d'une grande entreprise. La convocation de notre concile provincial est faite pour le deux septembre prochain ; d'ici là il nous reste fort peu de temps pour préparer et disposer tout en conséquence : notre retraite ecclésiastique doit précéder la tenue du conseil de quelques jours, elle doit s'ouvrir le premier lundi après le 15 août : vous voyez combien, de toute manière, j'ai besoin d'un souvenir tout particulier de votre part devant Dieu et auprès de sa très sainte Mère.

Comptez sur toute ma gratitude, et pour l'hommage que vous avez bien voulu me faire de vos deux ouvrages, et pour l'intérêt que vous voudrez bien prendre à tous nos besoins spirituels.

Recevez, Monsieur l'abbé, la nouvelle expression de mes affectueux et toujours dévoués sentiments pour vous,

† M.-J. *Archevêque de Sens.*

LETTRE DE MONSEIGNEUR L'ÉVÊQUE DE CHALONS.

Châlons, le 17 février 1852.

Monsieur,

Votre relation sur le pèlerinage de Notre-Dame de la Salette ne peut manquer d'intéresser vivement tous les Catholiques et d'être pour eux un grand sujet d'édification. Elle nous a fait ici un extrême plaisir, même après les ouvrages qui ont été publiés et qui se trouvent de plus en plus justifiés par votre témoignage. Nous n'avons jamais douté du miracle, après les preuves authentiques qui en ont été données. Moi-même, me trouvant à Avignon après mon retour de Rome, je fus témoin du prodige que vous rapportez. La sainte Vierge y a ajouté d'autres marques de sa protection et de sa bonté, même dans ce diocèse : nous lui en devons bien de la reconnaissance.

Nous sommes bien touchés d'avoir dans la personne d'un bon prêtre tel que vous, Monsieur, un interprète de nos sentiments.

Recevez, je vous prie, l'assurance de ma parfaite considération,

† M.-J. *Évêque de Châlons.*

—

LETTRE DE Mgr L'ÉVÊQUE DE MENDE.

Mende, le 23 février 1832.

Monsieur l'abbé,

Je ne saurais assez vous remercier du pieux présent que vous me faites en m'envoyant votre *Pèlerinage à la Salette.* En retraçant vos impressions de voyage, et d'un voyage si consolant pour votre cœur, il résume, sous une forme concise et attrayante, tout ce qui a été écrit sur l'apparition miraculeuse, qu'il reproduit en quelque sorte sous les yeux du lecteur, heureux de s'attacher à vos pas, de s'associer à vos joies toutes saintes. Merci de m'avoir permis de faire en esprit avec vous ce qu'il vous a été donné de faire en réalité. Je vous envie le bonheur d'avoir contribué à répandre, avec les preuves d'une merveille de plus opérée par Marie, le culte et l'amour de cette Vierge sainte.

Je ne doute pas qu'elle ne bénisse l'auteur et l'ouvrage lui-même, que je serais heureux de voir entre les mains de tous les enfants de Marie, et en particulier de tous mes chers diocésains.

Veuillez agréer, Monsieur l'abbé, avec mes remercîments, l'assurance de mon respectueux dévouement,

† J.-A.-M., *Évêque de Mende.*

—

LETTRE DE Mgr L'ÉVÊQUE DE LUÇON.

Luçon, le 15 septembre, octave de la Nativité, 1852.

Monsieur l'abbé,

Votre lettre du 6 de ce mois est venue me trouver au milieu d'une petite course épiscopale. De retour à Luçon depuis deux jours, c'est aujourd'hui seulement qu'il m'a été possible de lire avec autant de plaisir que d'édification votre *Pèle-*

rinage à la Salette La très sainte Vierge a béni cette relation si pieuse, si touchante, puisque dès l'année 1850 vous en aviez publié sept éditions. Je désire que ce petit écrit se répande de plus en plus, et qu'il augmente le nombre de ceux qui mettent, après Dieu, toutes leurs espérances en sa très sainte Mère.

Je suis, Monsieur l'abbé, avec un tendre attachement, tout à vous en N.-S. J.-C.

† J.-M.-J., *Évêque de Luçon.*

Sur la fin de 1850 et au commencement de 1851, des attaques violentes furent dirigées par certains journaux contre l'admirable et si consolant fait de la Salette. Mgr l'évêque de Grenoble, affligé de ce déchaînement de la presse impie contre un événement auquel il ajoutait une foi entière, fit demander aux enfants privilégiés s'ils consentiraient à révéler leur secret à notre Saint-Père le Pape.

« Au nom du vicaire de Jésus-Christ, dit le vénérable prélat dans le mandement qu'il a publié sur *la Salette,* les bergers ont compris qu'ils devaient obéir. Ils se sont décidés à révéler au Souverain-Pontife un secret qu'ils avaient gardé jusqu'alors avec une constance invincible, et que rien n'avait pu leur arracher. Ils l'ont donc écrit eux-mêmes, chacun séparément ; ils ont ensuite plié et cacheté leur lettre en présence d'hommes respectables que nous avions désignés pour leur servir de témoins, et nous avons chargé deux prêtres qui ont toute notre confiance, de porter à Rome cette dépêche mystérieuse. »

Je laisse à M. l'abbé Rousselot de publier, s'il le juge bon, le récit de son voyage à la ville éternelle; je me contenterai d'insérer ici la lettre que M. le vicaire général eut la bonté de m'adresser quelques jours après son retour à Grenoble.

Grenoble, le 15 septembre 1851.

Monsieur et cher abbé,

De retour de Rome depuis une quinzaine de jours, j'ai dû, avant de répondre à votre lettre, reprendre de suite mes occupations ordinaires et faire beaucoup de choses restées en arrière pendant mon absence. Pour répondre plus promptement à beaucoup de lettres du genre de la vôtre, j'ai dû faire copier en nombre la relation de mon voyage, en me contentant seulement de parler de ce qui a rapport à la Salette.

Je joins donc ici une copie de cette relation, pour vous et pour les croyants : pour certains incroyants, il n'y a rien à faire; les Juifs incrédules demandent encore des miracles, comme s'il n'y en avait pas eu un grand nombre.

Voilà donc le fait de la Salette arrivé à son dernier période : le secret manifesté au Pape devait être la vie ou la mort de ce fait. Si le secret eût été nul, ou puéril, ou indigne de celle qui le donna il y a cinq ans, le fait tombait à Rome pour ne plus se relever. Le contraire est arrivé, et le fait continue à paraître revêtu des caractères de la vérité.

A Rome on examine avant de croire; mais à Rome ceux qui ont examiné le fait de la Salette le croient vrai et bien prouvé; tous reconnaissent à Mgr l'évêque de Grenoble le droit de se prononcer sur ce fait.

Je vous félicite, Monsieur, de votre zèle à faire connaître dans votre pays la miraculeuse apparition de la sainte Vierge; soyez bien convaincu que celle pour laquelle nous combattons achèvera son œuvre.

Je suis, avec une respectueuse affection, Monsieur et cher abbé, votre tout dévoué,

L'abbé Rousselot, *vicaire général de Grenoble.*

Outre les nouvelles importantes que M. l'abbé Rousselot a bien voulu me donner par la lettre ci-dessus, je sais de science certaine que, pendant son séjour à Rome, le respectable délégué de Mgr l'évêque de Grenoble a entretenu du fait de a Salette plusieurs personnages éminents de la lour pontificale, et que tous lui ont témoigné de leur foi à la miraculeuse apparition de la sainte Vierge.

Je sais aussi que dans l'audience de congé que le Saint-Père voulut bien accorder à M. Rousselot, après lui avoir demandé avec une bonté inexprimable s'il était content de Rome, Pie IX fit à ce digne ecclésiastique un très beau cadeau; puis il lui fit remettre pour Mgr l'évêque de Grenoble un magnifique chapelet monté en or, avec croix et gland en or, enfermé dans un étui de maroquin aux armes de Saint-Pierre.

Plus un corps de saint de nom propre, dont il est permis de dire l'office et la messe, de célébrer la fête annuellement et l'anniversaire de la translation, avec indulgence plénière.

Le Pape, après avoir béni Mgr l'évêque de Grenoble et son diocèse, accorda aussi, avec une grâce parfaite, la bénédiction apostolique aux deux jeunes bergers de la Salette.

Ces faits prouvent jusqu'à l'évidence que le Souverain-Pontife ne regarde pas comme dupes Mgr l'évêque de Grenoble et ceux qui comme lui croient à l'apparition de la sainte Vierge, ni les bergers comme des intrigants qui pendant cinq ans auraient abusé de la crédulité publique.

—

MANDEMENT

DE Mgr L'ÉVÊQUE DE GRENOBLE

Autorisant l'érection d'un nouveau sanctuaire à Marie sur la montagne de la Salette.

Aussitôt que Mgr l'Évêque de Grenoble eut appris l'accueil que le Souverain-Pontife avait fait à ceux qui lui avaient remis les lettres renfermant le secret des bergers, et la pensée des hommes éminents qui, à Rome, avaient examiné le fait de la Salette, il n'eut rien tant à cœur que de publier le remarquable mandement qu'on va lire :

Nos très chers Frères,

Un évènement des plus extraordinaires, et qui paraissait d'abord incroyable, nous fut annoncé, il y a cinq ans, comme étant arrivé sur une des montagnes de notre diocèse. Il ne s'agissait de rien moins que d'une apparition de la sainte Vierge, que l'on disait s'être montrée à deux bergers [1] le 19 septembre 1846. Elle les aurait entretenus de malheurs qui menaçaient *son peuple*, surtout à cause des blasphèmes et de la profanation du dimanche, et aurait confié à chacun d'eux un secret particulier, avec défense de le communiquer à qui que ce fût.

Malgré la candeur naturelle des deux bergers, malgré l'impossibilité d'un concert entre deux enfants ignorants et qui se connaissaient à peine, malgré la constance et la fermeté de leur témoignage, qui n'a jamais varié ni devant la justice humaine, ni devant des milliers de personnes qui ont épuisé tous les moyens de séduction pour les faire tomber en contradiction ou pour obtenir la révélation de leur secret, nous avons dû, pendant longtemps, nous

[1]. Maximin Giraud, née à Corps, le 27 août 1835, et Mélanie Mathieu née à Corps, le 7 novembre 1831.

montrer difficile à admettre comme incontestable un évènement qui nous semblait si merveilleux. Notre précipitation n'eût pas été seulement contraire à la prudence que le grand Apôtre recommande à un Évêque, mais elle eût été de nature à fortifier les préventions des ennemis de notre foi, et de tant de Catholiques qui ne le sont plus, pour ainsi dire, que de nom. Aussi, pendant qu'une foule d'âmes pieuses accueillaient ce fait avec un grand empressement, nous recherchions avec soin tous les motifs qui auraient été capables de nous le faire rejeter, s'il ne devait pas être admis. Nous avons même bravé jusqu'ici le blâme dont nous n'ignorions pas que nous pouvions être l'objet, de la part des personnes les mieux intentionnées d'ailleurs, qui nous accusaient peut-être d'indifférence ou même d'incrédulité sur ce point. Nous savions, au reste, que la Religion de Jésus-Christ n'a nul besoin de ce fait particulier pour établir la vérité de mille autres apparitions célestes que l'on ne saurait rejeter sans une disposition d'impiété et de blasphème à l'égard de l'Ancien et du Nouveau-Testament. Notre silence, il est vrai, n'était pas l'effet d'une vaine crainte qu'auraient pu nous inspirer les déclamations dont certains esprits faisaient retentir la France, à l'égard de ce fait comme à l'égard de tant d'autres qui intéressent la Religion. Ce silence résultait de l'avis de l'Esprit-Saint lui-même, qui enseigne que celui qui croit trop précipitamment n'est qu'un esprit léger : *Qui credit cito, levis corde est* (Eccl. XIX, 4). C'est là ce qui nous faisait un devoir de la plus sévère circonspection, principalement à cause de notre qualité de premier Pasteur.

D'un autre côté, nous étions strictement tenu à ne pas regarder comme impossible un évènement que le Seigneur (qui oserait le nier?) avait bien pu permettre pour en tirer sa gloire ; car son bras n'est pas raccourci, et sa puissance est la même aujourd'hui que dans les siècles passés.

Nous avons aussi médité souvent, au pied des autels, ces paroles que le grand Apôtre adressait à un saint Évêque à qui il avait imposé les mains : « Si » nous manquons de foi, notre incrédulité n'em- » pêche pas ce Dieu qui ne peut se renier lui- » même d'être fidèle dans ce qu'il annonce : *Si* » *non credimus, ille fidelis permanet; negare seipsum* » *non potest* (II, Tim. II 15). Donnez ces avertis- » sements aux fidèles, et rendez témoignage à la » vérité devant le Seigneur. Ne perdez pas pour » cela le temps à disputer en paroles : ce qui » n'est bon qu'à pervertir ceux qui les écoutent. » (*Ibid.*, v, 14 et 15.) »

Pendant que notre charge épiscopale nous faisait un devoir de temporiser, de réfléchir, d'implorer avec ferveur les lumières de l'Esprit-Saint, le nombre des faits prodigieux qui se publiaient de toutes parts allait toujours croissant. On annonçait des guérisons extraordinaires, opérées en diverses parties de la France et de l'étranger, dans des contrées même fort éloignées. C'étaient des malades, désespérés et condamnés par les médecins à une mort prochaine ou à des infirmités perpétuelles, que l'on disait rendus à une santé parfaite par suite de l'invocation de Notre-Dame de la Salette, et de l'usage qu'ils avaient fait avec foi de l'eau d'une fontaine sur laquelle la Reine du ciel aurait apparu aux deux bergers. Dès les premiers jours, on nous avait parlé de cette fontaine. On nous avait assuré qu'elle était intermittente, et ne fluait qu'après la fonte des neiges ou après des pluies abondantes. Elle était à sec le 19 septembre; dès le lendemain, elle commença à couler, et sans interruption depuis cette époque : eau merveilleuse, sinon dans son origine, au moins dans ses effets.

De nombreuses relations, tant sur l'événement de la Salette que sur les guérisons merveilleuses qui l'ont suivi, nous étaient arrivées et nous arrivaient des lieux voisins et de divers diocèses, les unes manuscrites, les autres imprimées. Une de ces relations a pour auteur un de nos vénérables collègues qui s'est transporté des bords de l'Océan sur ladite montagne, et a paternellement entretenu les deux bergers pendant une journée presque entière [1].

Un autre fait qui nous a paru tenir du prodige, c'est l'affluence à peine croyable et néanmoins au-

---

[1] Monseigneur l'Évêque de la Rochelle.

dessus de toute contestation qui á eu lieu sur cette montagne à diverses époques, mais spécialement au jour anniversaire de l'apparition : affluence devenue plus étonnante et par l'éloignement des lieux, et par les autres difficultés que présente un tel pèlerinage.

Quelques mois après l'évènement, nous avions déjà consulté notre chapitre et les professeurs de notre grand séminaire ; mais, après tous les faits indiqués ci-dessus et beaucoup d'autres qu'il serait trop long d'exposer, nous jugeâmes convenable d'organiser une commission nombreuse, composée d'hommes graves, pieux et instruits, qui devaient mûrement examiner et discuter *le fait de l'apparition et ses suites*. Les séances de cette commission ont eu lieu devant nous. Les deux bergers qui se disaient favorisés de la visite de la *messagère céleste*, y ont été interrogés séparément et simultanément ; leurs réponses ont été pesées et discutées ; toutes les objections qui pouvaient être opposées aux faits racontés ont été présentées librement. Un de nos vicaires généraux, qui avait été chargé par nous de recueillir tous les faits, l'a été également de rendre compte des séances de la commission et de consigner les réponses aux objections. Ce travail consciencieux et impartial, intitulé : *La vérité sur l'évènement de la Salette*, qui a été imprimé et revêtu de notre approbation, montre jusqu'à quel point on a porté l'attention et prolongé l'examen.

Quoique notre conviction fût déjà entière et sans nuage à la fin des séances de la commission qui se terminèrent le 13 décembre 1847, nous ne voulûmes pas encore prononcer de jugement doctrinal sur un fait d'une telle importance. Cependant l'ouvrage de M. l'abbé Rousselot reçut bientôt l'adhésion, et réunit les suffrages de plusieurs Évêques, et d'une foule de personnes éminentes en science et en piété. Nous avons su que ce livre était traduit dans toutes les langues européennes. Plusieurs nouveaux ouvrages parurent en même temps et en diverses contrées sur le même fait, publiés par des hommes recommandables venus exprès sur les lieux pour rechercher la vérité. Le pèlerinage ne se ralentissait pas. Des personnages graves, des vicaires généraux, des professeurs de théologie, des prêtres et des laïques distingués sont venus de plusieurs centaines de lieues pour offrir à la *Vierge puissante et pleine de bonté* leurs pieux sentiments d'amour et de reconnaissance pour les guérisons et autres bienfaits qu'ils en avaient obtenus. Ces faits prodigieux ne cessaient d'être attribués à l'invocation de Notre-Dame de la Salette, et nous savons que plusieurs d'entre eux sont regardés comme vraiment miraculeux par les évêques dans les diocèses desquels ils se sont accomplis. Tout cela est constaté dans un second volume publié par M. Rousselot en 1850, qui a pour titre : *Nouveaux documents sur l'Évènement de la Salette.* L'auteur aurait pu ajouter que d'illustres prélats de l'Église prêchaient l'apparition de la très sainte Vierge ; qu'en plusieurs lieux, et avec l'assentiment au moins tacite de nos vénérables collègues, des personnes pieuses avaient fait construire des chapelles déjà très fréquentées sous le vocable de Notre-Dame de la Salette, ou avaient fait placer dans des églises paroissiales de belles statues en son honneur ; qu'enfin de nombreuses demandes étaient adressées pour l'érection d'un sanctuaire qui perpétuât le souvenir de ce grand évènement.

On sait que nous n'avons pas manqué de contradicteurs. Quelle vérité morale, quel fait humain ou même divin n'en a pas eu ? Mais pour altérer notre croyance à un évènement si extraordinaire, si inexplicable sans l'intervention divine, dont toutes les circonstances et les suites se réunissent pour nous montrer le doigt de Dieu, il nous aurait fallu un fait contraire, aussi extraordinaire, aussi inexplicable que celui de la Salette, ou du moins qui expliquât naturellement celui-ci ; or, c'est ce que nous n'avons pas rencontré, et nous publions hautement notre conviction.

Nous avons redoublé nos prières, conjurant l'Esprit-Saint de nous assister et de nous communiquer ses divines lumières. Nous avons également réclamé en toute confiance la protection de l'immaculée Vierge Marie, Mère de Dieu, regardant comme un de nos devoirs les plus doux et les plus sacrés de ne rien omettre de ce qui peut con-

2

tribuer à augmenter la dévotion des fidèles envers
elle, et de lui témoigner notre gratitude pour la
faveur spéciale dont notre diocèse aurait été l'objet. Nous n'avons, du reste, jamais cessé d'être
disposé à nous renfermer scrupuleusement dans
les saintes règles que l'Église nous a tracées par
la plume de ses savants docteurs, et même à ré-
former sur cet objet, comme sur tous les autres,
notre jugement, si la chaire de Saint-Pierre, la
mère et la maîtresse de toutes les églises, croyait
devoir émettre un jugement contraire au nôtre.

Nous étions dans ces dispositions, et animé de
ces sentiments, lorsque la providence divine nous
a fourni l'occasion d'enjoindre aux deux enfants
privilégiés de faire parvenir leur secret à notre
très saint Père le Pape Pie IX. Au nom du vicaire
de Jésus-Christ, les bergers ont compris qu'ils
devaient obéir. Ils se sont décidés à révéler au
Souverain-Pontife un secret qu'ils avaient gardé
jusqu'alors avec une constance invincible, et que
rien n'avait pu leur arracher. Ils l'ont donc écrit
eux-mêmes, chacun séparément ; ils ont ensuite
plié et cacheté leur lettre en présence d'hommes
respectables que nous avions désignés pour leur
servir de témoins, et nous avons chargé deux prêtres qui ont toute notre confiance de porter à
Rome cette dépêche mystérieuse. Ainsi est tombée la dernière objection que l'on faisait contre
l'apparition, savoir qu'il n'y avait point de secret,
ou que ce secret était sans importance, puéril

même, et que les enfants ne voudraient pas le faire connaître à l'Église.

A ces causes,

Nous appuyant sur les principes enseignés par le Pape Benoît XIV, et suivant la marche tracée par lui dans son immortel ouvrage *de la Béatification et de la canonisation des saints* (liv. II, chap. XXXI, n° 12);

Vu la relation écrite par M. l'abbé Rousselot, l'un de nos vicaires généraux, et imprimée sous ce titre : *La vérité sur l'évènement de la Salette*, Grenoble, 1848;

Vu aussi les *Nouveaux documents sur l'Évènement de la Salette*, publiés par le même auteur en 1850; l'un et l'autre ouvrage revêtus de notre approbation;

Oui les discussions en sens divers qui ont eu lieu devant nous sur cette affaire, dans les séances des 8, 15, 16, 17, 22 et 29 novembre, 6 et 15 décembre 1847 ;

Vu pareillement ou entendu ce qui a été dit, ou écrit depuis cette époque, pour ou contre l'évènement ;

Considérant, en premier lieu, l'impossibilité où nous sommes d'expliquer le fait de la Salette autrement que par l'intervention divine, de quelque manière que nous l'envisagions. soit en lui-même, soit dans ses circonstances, soit dans son but essentiellement religieux ;

Considérant, en second lieu, que les suites

merveilleuses du fait de la Salette sont le témoignage de Dieu lui-même, se manifestant par des miracles, et que ce témoignage est supérieur à celui des hommes et à leurs objections ;

Considérant que ces deux motifs, pris séparément, et à plus forte raison réunis, doivent dominer toute la question, et enlever toute espèce de valeur à des prétentions ou suppositions contraires dont nous déclarons avoir une parfaite connaissance ;

Considérant enfin que la docilité et la soumission aux avertissements du Ciel peuvent nous préserver des nouveaux châtiments dont nous sommes menacés, tandis qu'une résistance trop prolongée peut nous exposer à des maux sans remède ;

Sur la demande expresse de tous les membres de notre vénérable chapitre, et de la très grande majorité des prêtres de notre diocèse ;

Pour satisfaire aussi la juste attente d'un si grand nombre d'âmes pieuses, tant de notre patrie que de l'étranger, qui pourraient finir par nous reprocher de retenir la vérité captive ;

L'Esprit-Saint et l'assistance de la Vierge Immaculée de nouveau invoqués ;

Nous déclarons ce qui suit :

Art. 1er. Nous jugeons que l'apparition de la sainte Vierge à deux bergers, le 19 septembre 1846, sur une montagne de la chaîne des Alpes, située dans la paroisse de la Salette, de l'archiprêtré de Corps, porte en elle-même tous les caractères de la vérité, et que les fidèles sont fondés à la croire indubitable et certaine.

ART. 2. Nous croyons que ce fait acquiert un nouveau degré de certitude par le concours immense et spontané des fidèles sur le lieu de l'apparition, ainsi que par la multitude des prodiges qui ont été la suite dudit évènement, et dont il est impossible de révoquer en doute un très grand nombre sans violer les règles du témoignage humain.

ART. 3. C'est pourquoi, pour témoigner à Dieu et à la glorieuse Vierge Marie notre vive reconnaissance, nous autorisons le culte de Notre-Dame de la Salette. Nous permettons de le prê cher et de tirer les conséquences pratiques et mo-rales qui ressortent de ce grand évènement.

ART. 4. Nous défendons néanmoins de publier aucune formule particulière de prières, aucun cantique, aucun livre de dévotion, sans notre ap-probation donnée par écrit.

ART. 5. Nous défendons expressément aux fidèles et aux prêtres de notre diocèse de jamais s'élever publiquement, de vive voix ou par écrit, contre le fait que nous proclamons aujourd'hui, et qui dès lors exige le respect de tous.

ART. 6. Nous venons d'acquérir le terrain favorisé de l'apparition céleste. Nous nous proposons d'y construire incessamment une église, qui soit un monument de la miséricordieuse bonté de Marie envers nous et de notre gratitude envers elle. Nous avons aussi formé le projet d'y établir un hospice pour abriter les pèlerins. Mais ces constructions, dans un lieu d'un accès difficile et dépourvu de toutes ressources, exigeront des dépenses considérables. Aussi avons-nous compté sur le concours généreux des prêtres et des fidèles, non seulement de notre diocèse, mais de la France et de l'étranger. Nous n'hésitons pas à leur faire un appel d'autant plus empressé, que déjà nous avons reçu de nombreuses promesses, mais toutefois insuffisantes pour l'œuvre à entreprendre. Nous prions les personnes dévouées qui voudront nous venir en aide, d'adresser leurs offrandes au secrétariat de notre évêché. Une commission composée de prêtres et de laïques, est chargée de surveiller les constructions et l'emploi des offrandes.

ART. 7. Enfin, comme le but principal de l'apparition a été de rappeler les Chrétiens à l'accomplissement de leurs devoirs religieux, au culte divin, à l'observation des commandements de Dieu et de l'Eglise, à l'horreur du blasphème et à la sanctification du Dimanche, nous vous conjurons, nos très chers Frères, en vue de vos intérêts célestes et même terrestres, de rentrer sérieusement en vous-mêmes, de faire pénitence de vos péchés, et particulièrement de ceux que vous avez commis contre le deuxième et le troisième commandement de Dieu. Nous vous en conjurons, nos Frères bien-aimés, rendez-vous dociles à la voix de Marie, qui vous appelle à la pénitence, et qui, de la part de son Fils, vous menace de maux spirituels et temporels, si, restant insensibles à ses avertissements maternels, vous endurcissez vos cœurs.

Art. 8. Nous voulons et ordonnons que notre présent Mandement soit lu et publié dans toutes les églises et chapelles de notre diocèse, à la messe paroissiale ou de communauté, le dimanche qui en suivra immédiatement la réception.

Donné à Grenoble, sous notre seing, le sceau de nos armes, et le contre-seing de notre secrétaire, le 19 septembre 1851 (cinquième anniversaire de la célèbre apparition.)

† PHILIBERT, Evêque de Grenoble.

—

Le jour même où Mgr de Bruillard prononçait son jugement doctrinal sur la vérité de l'apparition de la sainte Vierge aux bergers des Alpes, M. l'abbé Gerin, curé de la cathédrale de Grenoble, faisait connaître aux quatre mille pèlerins qui, comme lui, s'étaient rendus à la Salette pour y célébrer le cinquième anniversaire de la miraculeuse *apparition*, la pensée du Souverain-Pontife touchant l'événement du 19 septembre 1846.

Voici la lettre que M. le curé de la Salette m'écrivit à cette occasion :

La Salette, le 4 octobre 1851.

Monsieur et bien cher confrère,

Je suis content que vous ayez reçu le récit du

voyage à Rome de MM. Rousselot et Gerin. Si je n'en avais été assuré au commencement de cette semaine, à la retraite ecclésiastique de Grenoble, je vous aurais de suite adressé moi-même cette notice intéressante. Vous savez donc maintenant à quoi vous en tenir sur la pensée de la cour romaine touchant la très miséricordieuse apparition de la sainte Vierge à la Salette, C'est avec bonheur, Monsieur, que je réponds à votre pieuse question relativement au cinquième anniversaire du grand événement du 19 septembre 1846. Je puis vous dire avec vérité que notre fête a été bien belle : le concours des pèlerins a été considérable ; environ 4,000 personnes sont venues ce jour-là, prier et s'édifier sur la montagne bénie. Cependant, la veille et les jours précédents, le temps était froid comme dans tout le mois de septembre, où les nuages noirs et amoncelés par le vent du nord sur nos Alpes ne nous avaient presque pas laissé voir les rayons du soleil. La nuit et la matinée du 19, la gelée avait blanchi toutes nos sommités : les montures peu solides sur leurs pieds glissaient sans cesse, et pouvaient à peine se soutenir, sous leurs cavaliers justement effrayés, au bord des précipices qui environnent presque partout les chemins scabreux et tortueux de Corps à la Salette. Cependant la foi et la confiance font arriver les pieux pèlerins, soit à pied, soit à cheval, jusqu'au mont béni par la présence de la reine du ciel. Environ cinq cents personnes venues la veille, passèrent la nuit, ou dans le pauvre oratoire que vous connaissez, ou dans les baraques qui l'entourent, s'excitant mutuellement à la ferveur et à la piété, par le chant des cantiques, et par la récitation des prières les plus embrâsées d'amour envers Notre-Dame de la Salette. Depuis 4 heures du matin jusqu'à 11 heures, trente-cinq messes ont été célébrées, et plus de 500 pèlerins ont eu le bonheur de recevoir la divine Eucharistie.

Quatre instructions ont été données à l'occasion de ce célèbre anniversaire ; l'une à 9 heures du soir, la veille, comme préparation à la grande fête ; la seconde à 3 heures du matin, en forme de méditation ; la troisième à 7 heures, par l'heureux desservant de la sainte chapelle :

Exposé succinct de l'état actuel de notre béni pèlerinage ; un mot des 15 ou 20 guérisons miraculeuses obtenues dans le cours de l'année par l'invocation de Notre-Dame de la Salette ; nomenclature des diverses recommandations qui m'avaient été faites pour ce jour solennel.

Demandes de prières pour les bienfaiteurs du nouveau sanctuaire, pour la conversion des pécheurs, et pour obtenir de la bonté de Dieu l'éloignement des fléaux dont nous sommes menacés.

Enfin, à une heure après-midi, *une chaleureuse et persuasive* instruction donnée par le respectable et saint curé de la cathédrale de Grenoble. Il met en rapport les preuves de la vérité de l'apparition avec les preuves de la vérité de la Religion Chrétienne

Les contradictions que l'on oppose à ce fait sont une marque certaine qu'il est l'œuvre de Dieu : malheur à ceux qui ne veulent se servir ni de leur raison ni de leur foi pour profiter de si grandes grâces venues du Ciel.

Ensuite, lorsqu'il fait le récit de son voyage auprès du Souverain-Pontife, il impressionne tellement son auditoire, que de toutes parts les sanglots et les larmes trahissent la plus vive émotion.

Je ne désespère pas de voir un jour imprimer ce discours, si saintement pensé et si exactement rédigé.

Après le sermon de M. le curé de la cathédrale, la bénédiction du Saint-Sacrement, donnée en plein air à nos quatre mille pèlerins, profondément émus, vint couronner nos belles cérémonies du cinquième anniversaire de l'apparition de la sainte Vierge à la Salette.

Excusez la longueur de ma lettre : mais il fait si bon parler de ce que l'on aime à quelqu'un qui partage les mêmes sentiments !

Je suis avec un respectueux attachement, Monsieur et bien cher confrère, votre très dévoué serviteur,

PERRIN, *curé de la Salette.*

PRIÈRES

FAITES A ROME POUR LA FRANCE

Par ordre de sa Sainteté le Pape Pie IX

ET ENCYCLIQUE DU 21 NOVEMBRE 1851.

C'était le 18 juillet 1851 que MM. Rousselot et Gérin remettaient à Notre Saint-Père le Pape Pie IX les lettres renfermant le secret des bergers de la Salette. Peu de temps après, toutes les correspondances de Rome annonçaient que le Souverain-Pontife venait d'ordonner que des prières publiques fussent faites pour la France, dans l'église patriarcale de Saint-Jean de Latran.

Pour qui connaît les usages de la cour Romaine, il est clair qu'il fallait que le Pape eût de graves inquiétudes sur l'avenir de notre chère patrie, pour la recommander ainsi aux suffrages du clergé et des fidèles de la capitale du monde chrétien.

On n'a pas oublié que, lorsque l'Espagne et le Portugal étaient aussi en proie aux divisions intestines, et sur le point de tomber dans les horreurs de la guerre civile, le père commun des fidèles avait également demandé des prières publiques, pour le salut de ces deux royaumes.

Ce n'était pas assez à la tendre sollicitude du Souverain-Pontife d'avoir fait prier à Rome pour la

France au mois de septembre 1854, le 24 novembre de la même année, il adressa à tous les évêques du monde chrétien la lamentable encyclique qu'on va lire. Par ces lettres apostoliques, Pie IX appelle tous les peuples à la pénitence, afin de détourner les épouvantables malheurs dont l'Église et la société étaient menacées.

LETTRE ENCYCLIQUE DE NOTRE SAINT-PÈRE LE PAPE

PIE IX

A tous les Patriarches, Primats, Archevêques et Evêques du monde catholique.

Vénérables Frères,

Salut et bénédiction apostolique,

Notre cœur s'est réjoui dans le Seigneur, Vénérables Frères, et nous avons rendu de très humbles et très grandes actions de grâces au Père très clément et très miséricordieux, au Dieu de toute consolation, dès que vos nombreux témoignages sont venus nous apprendre, au milieu des incessantes et douloureuses sollicitudes dont Nous accable le malheur des temps, les fruits très-précieux et très abondants de salut, que, par l'inspiration de la grâce divine, les peuples commis à vos soins avaient recueillis de la faveur du Jubilé que Nous leur avons accordé. Vous Nous avez fait connaître, en effet, qu'à cette occasion les fidèles de vos diocèses s'étaient empressés à l'envie d'accourir en grand nombre dans les églises avec un esprit humilié et un cœur contrit, pour y entendre la parole de Dieu, se purifier des souillures de leur âme dans le sacrement de la réconciliation, approcher de la Sainte-Table, et adresser, selon Nos intentions, au Dieu très bon et très grand, de ferventes prières. Il en est résulté qu'un grand nombre, par le secours de la grâce divine, sortant de la fange du vice et des ténèbres de l'erreur, où ils languissaient misérablement, sont entrés dans la voie de la vertu et de la vérité, et ont commencé à travailler à leur salut. Nous en avons été grandement consolé et réjoui, Nous qui sommes toujours si gravement inquiet et préoccupé du salut de tous les hommes confiés à nos soins par la divine Providence, et ne désirons rien avec tant d'ardeur, ne demandons rien autre chose, dans les vœux et les prières qui jour et nuit montent de Notre cœur humilié vers Dieu, sinon que tous les peuples, toutes les nations et toutes les familles marchent dans les sentiers de la foi, connaissent le Seigneur et l'aiment chaque jour davantage, observent fidèlement sa sainte loi, et suivent avec constance le chemin qui conduit à la vie.

Mais si, d'une part, Vénérables Frères, Nous devons éprouver une grande joie en apprenant que les fidèles de vos diocèses ont recueilli abondamment les fruits spirituels de la grâce du Jubilé; de l'autre, ce n'est pas pour Nous un médiocre sujet de douleur de voir quel triste et lamentable aspect présentent notre sainte religion et la société civile dans ces temps malheureux. Nul d'entre vous n'ignore, Vénérables Frères, les perfides artifices, les monstrueuses doctrines, les conspirations de toute espèce que les ennemis de Dieu et du genre humain mettent en œuvre pour pervertir tous les esprits, corrompre les mœurs, faire disparaître, s'il était possible, la religion de la face de la terre, briser tous les liens de la société civile, et la détruire jusqu'en ses fondements. De là les ténèbres déplorables qui aveuglent tant d'esprits, la guerre acharnée faite à toute la Religion Catholique et à cette Chaire Apostolique, la haine la plus implacable poursuivant la vertu et l'honnêteté ; de là les vices les plus honteux usurpant le nom de la vertu ; la licence effrénée de tout penser, de tout faire et de tout oser ; l'impatience absolue de tout commandement, de toute puissance, de toute autorité ; la dérision et le mépris déversés sur les choses les plus sacrées, sur les plus saintes lois, sur les plus excellentes institutions ; de là surtout la déplorable corruption d'une jeunesse imprévoyante, le débordement empoisonné des mauvais livres, des libelles, des brochures, des journaux, répandus avec profusion et propageant partout la science du mal ; de là, le venin mortel de *l'indifférentisme* et de l'incrédulité ; les mouvements séditieux, les conspirations sacriléges, la moquerie et l'outrage de toutes les lois humaines et divines. Vous n'ignorez pas non plus, Vénérables Frères, quelle anxiété, quelle incertitude, quelle pénible hésitation, quelle terreur, préoccupent et agitent tous les esprits, particuliérement les esprits des gens de bien, qui croient avec raison que les intérêts privés et publics ont à craindre tous les maux, lorsque les hommes, s'écartant misérablement des règles de la vérité, de la justice et de la religion, pour se livrer aux entraînements détestables de passions effrénées, méditent tous les forfaits.

Au milieu de tant de dangers, qui ne voit que toutes nos espérances doivent se reporter uniquement en Dieu, notre salut; que vers lui doivent s'élever continuellement nos ferventes prières, pour que sa bonté propice répande sur tous les peuples les richesses de sa miséricorde, qu'il éclaire tous les esprits des lumières célestes de sa grâce, qu'il ramène dans la voie de la justice ceux qui s'égarent, qu'il daigne tourner vers lui les volontés rebelles de ses ennemis, insinuer dans tous les cœurs l'amour et la crainte de son nom, et leur inspirer de penser toujours et de faire tout ce qui est droit, tout ce qui est vrai, tout ce qui est pur, tout ce qui est juste, tout ce qui est saint. Et, puisque Dieu est plein de suavité, de douceur et de miséricorde; puisqu'il est riche envers tous ceux qui l'invoquent, puisqu'il regarde la prière des humbles et aime surtout à manifester sa puissance par la clémence et le pardon, approchons, Vénérables Frères, avec confiance du trône de grâce, pour obtenir miséricorde et trouver secours dans le temps opportun. Car celui qui demande reçoit, celui qui cherche trouve, et on ouvre à celui qui frappe [1]. Rendons d'abord d'immortelles actions de grâces au Dieu de bonté. Que, dans la joie, nos lèvres louent son saint nom, puisqu'en de nombreuses contrées de l'univers catholique il daigne opérer les merveilles de sa miséricorde. ‑

Venons donc tous unanimement, animés par la sincérité de la même foi, par la fermeté de la même espérance, par l'ardeur de la même charité ; ne cessons un seul moment de prier et de supplier Dieu humblement et avec instance, pour qu'il arrache sa sainte Église à toutes les calamités, que chaque jour il l'agrandisse, la dilate et l'exalte parmi tous les peuples, dans toutes les contrées de la terre ; qu'ainsi elle purifie le monde de toutes les erreurs, et conduise avec une tendre bonté tous les hommes à la connaissance de la vérité et dans la voie de salut : afin que Dieu, devenu propice, détourne les fléaux de sa colère que nos péchés ont méritée, qu'il commande à la mer et aux vents, crée la tranquillité, donne à tous cette paix tant désirée, sauve son peuple, et, bénissant son héritage, le dirige et le conduise vers la céleste patrie.

[1]. Math. 7-8.

Et, afin que Dieu, plus accessible, prête l'oreille à nos prières et exauce nos vœux, élevons nos regards et nos mains vers sa très sainte Mère, Marie, Vierge immaculée : nous ne pourrions trouver de protection plus puissante ni plus assurée auprès de Dieu; elle est pour nous la plus tendre des mères, notre plus ferme confiance, et même tout le motif de nos espérances, puisqu'elle ne demande rien qu'elle ne l'obtienne, et que sa prière ne saurait être repoussée. — Implorons aussi les suffrages d'abord du Prince des Apôtres, à qui Jésus-Christ lui-même a donné les clés du royaume des cieux, qu'il a établi comme la pierre fondamentale de son Eglise, sans que les portes de l'enfer puissent jamais prévaloir contre elle. Prions ensuite Paul, le compagnon de son apostolat; prions le patron de chaque cité, de chaque pays, et tous les bienheureux, pour que le Seigneur très miséricordieux répande sur nous, avec abondance et largesse, les dons de sa bonté.

Aussi, Vénérables Frères, tandis que Nous ordonnons ici des prières publiques dans Notre ville sainte, Nous vous invitons, par ces lettres, à vous unir à Nous dans une communauté de vœux, vous et les peuples commis à vos soins. Nous excitons de tout notre zèle votre fervente religion et votre piété, pour qu'en vos diocèses vous ayez soin de prescrire aussi des prières publiques, destinées à implorer la divine clémence.

Et, pour que les fidèles apportent plus d'ardeur et d'instance dans ces prières que vous ordonnerez, Nous avons résolu d'ouvrir de nouveau les trésors célestes de l'Eglise, sous la forme d'un jubilé, comme il vous sera clairement indiqué par d'autres lettres qui sont jointes à celle-ci.

Nous concevons dans notre cœur cette ferme espérance, Vénérables Frères, que ce sont les anges de paix qui, tenant en main les coupes et l'encensoir d'or, offriront sur l'autel d'or Nos humbles prières et celles de toute l'Eglise, pour que le Seigneur lui-même, les recevant avec un regard de bonté, et exauçant Nos vœux, les vôtres, et ceux de tous les fidèles, veuille dissiper les ténèbres de toutes les erreurs, chasser la tempête menaçante de tant de maux, tendre une main secourable à la société chrétienne et à la société civile, et faire que tous les hommes aient la même foi dans leurs esprits, la même piété dans leurs œuvres, le même amour pour la religion, pour la vertu, pour la vérité et pour la justice, le même zèle pour la paix, le même attachement aux liens de la charité, et qu'ainsi, dans toute l'étendue de l'univers, le règne de son Fils unique, Notre-Seigneur Jésus-Christ, soit chaque jour de plus en plus augmenté, affermi, exalté.

Enfin, comme un gage anticipé de tous les dons célestes, et comme témoignage de Notre ardente charité pour vous, recevez la bénédiction apostolique que, du fond de Notre cœur, Nous vous donnons avec amour à vous, Vénérables Frères, à tout le clergé, et à tous les fidèles confiés à votre vigilance.

Donné à Rome, près Saint-Pierre, le 21e jour de novembre, l'an 1851, de notre pontificat le sixième.

PIUS PP. IX.

En lisant ces lignes tracées de la main du vicaire de Jésus-Christ, ne semble-t-on pas entendre la sainte Vierge elle-même se plaindre amèrement aux bergers des Alpes des crimes de *son peuple*, et leur annoncer les maux incalculables que le bras de Dieu est prêt à faire tomber sur la terre, si on ne veut pas se convertir ? Mgr l'évêque de Poitiers dit que *Pie IX a écrit sous les yeux, et comme sous la dictée de l'auguste Vierge Marie, ces pages si pleines de sinistres apprehensions et de présages douloureux.*

Aussi, à peine les habitants de la ville de Rome eurent-ils entendu ces tristes accents sortis du palais du Quirinal. que, répondant au cri d'alarme poussé par le Souverain-Pontife, ils s'efforcèrent, par leurs prières et leurs larmes, de détourner les fléaux dont la société chrétienne tout entière était menacée : ils ne doutaient pas que pour ouvrir ainsi deux fois de suite les trésors de l'Eglise *Pie IX n'en eût reçu l'inspiration d'en haut.*

Aussi, rien de plus édifiant que ce que les lettres venant de Rome nous disaient alors de ces longues processions que l'on voyait chaque jour parcourir les rues de la capitale du monde chrétien. C'étaient les chapitres, les communautés religieuses, les confréries diverses de Pénitents, les séminaires, les collèges, les tribunaux ecclésiastiques, les enfants des écoles sous la conduite des disciples du vénérable abbé de la Salle, enfin une foule immense et compacte de fidèles, qui faisaient retentir l'air du chant grave et suppliant des litanies des Saints, en allant visiter les basiliques patriarcales et les principaux sanctuaires de la sainte Vierge.

Ce spectacle imposant remplissait l'âme d'un sentiment inexprimable ; il y avait au fond de tout cela quelque chose de triste et de lugubre ; on savait que c'était l'état déplorable dans lequel se trouvaient alors la France et par suite toute Eul'rope, qui inspirait toutes ces pérégrinations et ces prières publiques.

Mais ce qu'il y avait encore de plus émouvant, dans ce tableau, c'était l'angélique piété du Souverain-Pontife lui-même ; il se rendait successivement dans les églises du prince des apôtres, de Saint Jean de Latran, et de Sainte-Marie-Majeure ; et là, dans les sentiments de l'humilité la plus profonde et de la charité la plus ardente, il priait Dieu de pardonner aux coupables en considération de l'immense multitude des justes : il le conjurait surtout de se souvenir que c'était à la piété de la France envers le Saint-Siège, et au sang précieux de ses généreux soldats, que la ville de Rome était redevable de sa délivrance, et lui-même d'avoir été rendu à l'amour et à la vénération de ses enfants chéris......

Ce fut pendant que l'Eglise de Rome et son chef auguste priaient aussi pour nous que Dieu, selon l'énergique expression de Mgr l'évêque de Fréjus, envoya un vent véhément qui tout à coup chassa brusquement cet orage terrible qui nous menaçait, ces sombres nuages qui s'entre-choquaient, cet ouragan formidable qui allait fondre sur la France et l'Europe, et qui devait tout renverser, tout détruire sur son passage. Pie IX, en apprenant les évènements arrivés parmi nous au commencement du mois de décembre 1851, s'écria avec un profond sentiment de joie et de reconnaissance : *La Providence a acquitté la dette de l'Église envers la France.*

Que ne peut pas, en effet, la prière auprès de Dieu, surtout quand elle passe par le cœur et la bouche d'un saint pape ?

Qu'avons nous encore à craindre pour la France ?

Puisque, d'après les propres expressions de Mgr l'Evêque de Grenoble, *l'apparition de la sainte Vierge à la Salette est indubitable et certaine ;* puisqu'il paraît très probable que la manifestation faite au Pape du secret des bergers est une des causes principales des prières publiques que le chef de l'Église a ordonnées par tout l'univers, il est bien naturel que chacun de nous se demande à soi-même avec anxiété : *Qu'avons nous encore à craindre pour la France ?*

On comprend que pour répondre à une semblable question je dois me renfermer strictement dans le fait de la Salette; je me bornerai donc dans cet important article à rappeler à mes lecteurs :

Les principales circonstances *de la célèbre apparition ;*

Les menaces faites aux hommes par la sainte Vierge ;

Quelques paroles *significatives* sorties de la bouche des enfants dans diverses occasions ;

Et celles que le Pape Pie IX prononça devant les délégués de M̅ l'Évêque de Grenoble, après avoir lu les lettres qui renfermaient le secret dès bergers de la Salette.

Puis nous nous adressons à nous-même cette simple question :

La condition posée par la sainte Vierge pour que nous échappions aux maux dont nous avons été menacés, a-t-elle été remplie? Si elle ne l'est pas, nous devons encore nous attendre à de grands malheurs ; car l'épée du Seigneur semble être tirée du fourreau, et elle n'y rentrera probablement que lorsque nous aurons apaisé la colère de Dieu par notre repentir et notre pénitence.

D'abord, pour ce qui regarde le temps où l'apparition a eu lieu, il est bon de se souvenir que ce fut le 19 septembre 1846, sur les trois heures du soir, c'est-à-dire au moment où les eglises qui suivent le rit romain récitaient les premières vêpres de la fête de Notre-Dame-des-Sept-Douleurs. Marie pouvait-elle choisir, pour remplir sa triste mission, un jour plus significatif et plus propre à exciter dans nos cœurs des sentiments de la plus tendre piété et de la plus vive componction.

Toutes les autres circonstances de l'apparition furent en parfaite harmonie avec le fait lui-même :

La sainte Vierge, pendant tout le temps qu'elle parla aux bergers, *parut accablée sous le poids de la plus profonde tristesse, ses yeux versèrent d'abondantes larmes ;* les enfants assurent que *tandis qu'elle les entretint des crimes de son peuple et des maux qui lui étaient réservés, l'auguste reine du ciel ne cessa de pleurer.*

En choisissant aussi pour se montrer au monde l'heure à laquelle son divin Fils était mort sur la croix, elle voulait rappeler aux hommes que Jésus-Christ, en les rachetant par les ignominies et les souffrances de sa passion, a acquis le droit de régner sur eux, et qu'ils sont tenus d'obéir à ses lois.

Les insignes douloureux que Marie portait sur sa poitrine avaient également une grande signification....

Comme j'ai consigné, dans mon premier ouvrage sur la Salette, les reproches que la sainte

Vierge a faits aux hommes de la part de son Fils, et les fléaux dont elle les a menacés, je me contenterai ici d'appeler l'attention du lecteur sur la grandeur du mal que l'incrédulité et l'indifférence en matière de religion ont produit parmi nous, et dont la reine du ciel s'est plaint si amèrement devant les jeunes bergers des Alpes ; je lui ferai voir le triste et formel accomplissement de plusieurs des menaces faites par la sainte Vierge le 19 septembre 1846.

Et je lui demanderai si nous n'avons pas tout lieu de craindre que les autres malheurs qui sont encore annoncés, ne viennent également à se réaliser.

Dabord la sainte Vierge reproche à *son peuple* la profanation des jours que le Seigneur s'est spécialement réservés. En effet, de tous les crimes dont les hommes se rendent coupables envers la Divinité, il n'en est pas de plus général que celui de la profanation du dimanche. Sans parler ici des pays étrangers. il y a en France un certain nombre de départements, spécialement parmi ceux qui sont voisins de la capitale, où les jours de dimanches et de fêtes sont absolument traités à l'égal des autres jours de la semaine.

Il y a encore, il est vrai, dans chaque paroisse un temple dédié au Seigneur, et un autel sur lequel un prêtre offre à Dieu chaque jour l'adorable victime de propitiation : mais ce temple est désert, même aux jours des plus grandes solennités ; mais cet autel n'est jamais entouré de fidèles qui viennent témoigner à Jésus-Christ leur respect et amour, et solliciter de sa bonté les grâces dont chacun a besoin pour opérer son salut. Au lieu de se rendre le dimanche à l'Eglise pour remplir leurs devoirs religieux, les hommes dont je parle se répandent dans les campagnes pour s'y livrer à toute espèce de travaux.

En fuyant ainsi le temple saint et la tribune sacrée du haut de laquelle les ministres de Dieu enseignent les dogmes sacrés de la foi et les préceptes de la morale chrétienne, tout un peuple est tombé dans une ignorance profonde des premières notions des vérités de la religion : aussi passe-t-il sa vie dans l'éloignement de toute pratique chrétienne, et dans les jouissances purement matérielles... Il est, ô douleur ! telle localité, encore plus malheureuse que les autres, où depuis un temps considérable pas un habitant n'a reçu d'autres sacrements que le baptême et la première communion, même à l'article de la mort....

Le reste de la France, il est vrai, n'en est pas encore arrivé là; mais, comme les mêmes causes produisent les mêmes effets, si la majeure partie des hommes continue, comme cela a lieu spécialement dans les villes, à se contenter d'assister à une messe basse et à fuir les instructions qui se donnent dans nos temples, il est certain que, de l'*indifférence* dans laquelle ils vivent, ils arrivent bientôt à l'entier oubli de leurs devoirs envers Dieu, et par suite à la perte de la foi et à la damnation éternelle. Déjà, hélas ! ils ne se nourrissent plus du pain eucharistique, qui est la source de toute vertu et qui fortifie l'homme contre ses faiblesses ; ils ne tiennent aucun compte des préceptes de l'Eglise, et, à dire vrai, leur religion n'est guère autre chose qu'une espèce de protestantisme déguisé : ils n'ont aucune croyance fixe, et ne pratiquent de la religion que ce qui ne gêne en rien les goûts dépravés de l'homme déchu par le péché. Est-il donc étonnant que Dieu menace de châtier sévèrement une nation qui méprise ainsi sa loi, et qui donne aux autres peuples l'exemple de la désobéissance et de la révolte ?

Depuis longtemps les ministres de l'Evangile s'élevaient avec force contre les crimes que la sainte Vierge a signa'és aux bergers des Alpes : ils annonçaient aux peuples confiés à leurs soins que s'ils continuaient à mépriser leurs remontrances et leurs prières, le Seigneur prendrait lui-même en main sa propre cause, et qu'il verserait sur la terre la coupe de ses vengeances. Au lieu de se rendre à des observations si raisonnables et si justes, ceux à qui elles s'adressaient n'en tenaient aucun compte, et préféraient toujours leurs intérêts temporels et leurs plaisirs à l'observation des lois de Dieu et de celles de l'Eglise.

Le Seigneur, lassé de tant d'ingratitude et provoqué par une révolte aussi audacieuse, a enfin appesanti son bras sur les coupables, et envoyé sur la terre le premier des châtiments connus dont nous sommes menacés.

Ce châtiment c'est la maladie des pommes de terre. Depuis l'importation en Europe de ce précieux tubercule, dit M. l'abbé Rousselot, les hommes qui ne croient point à la Providence publiaient avec emphase que, grâce à l'*immanquable*, à l'immortelle pomme de terre, une famine générale serait désormais impossible . Eh bien, Dieu s'est plu à faire voir le contraire ! il a permis que les pommes de terre soient atteintes d'une maladie dont on ignore la cause, et à laquelle on n'a trouvé aucun remède. [1] Voilà huit ans que, malgré toutes les précautions que l'on a prises pour empêcher le retour de la maladie, les pommes de terre continuent toujours à se gâter: nos incrédules ouvriront-ils enfin les yeux, et par une véritable conversion nous aideront-ils à conjurer les autres fléaux dont la justice divine nous a encore mena·cés?

2° La sainte Vierge, après avoir annoncé aux bergers que *les pommes de terre continueraient à se gâter*, leur prédit en second lieu que si les hommes restaient sourds à ces premiers avertissements, *les raisins*, qui sont la principale source de la richesse d'un grand nombre de départements français et de toute la partie méridionale de l'Eu-

---

[1] Voir l'ouvrage de M. Rousselot, page 206.

rope, seraient aussi atteints d'une maladie jusque-là inconnue.

Rien ne pouvait alors faire prévoir que quatre ans plus tard une espèce de cryptogame s'attacherait à la vigne; que les raisins eux-mêmes en seraient atteints, et que le vin que l'on extrairait des grappes malades serait d'une nature mauvaise et inspirerait certaine crainte pour la santé de ceux qui en feraient usage. La prophétie faite par la sainte Vierge le 19 septembre 1846 a eu son accomplissement. En 1850, on remarqua en Italie qu'un grand nombre de vignes étaient atteintes du fléau. En 1851, le mal s'étendit à nos départements du Midi et à ceux de l'Est : plusieurs personnes qui avaient mangé des raisins gâtés, en éprouvèrent d'assez graves indispositions pour faire croire aux médecins que le petit champignon qui s'était attaché aux grappes avait quelque chose de vénéneux et de malsain.

Au mois de février 1852, les journaux contenaient une lettre d'un riche propriétaire de Coligny, qui faisait connnaître que les vins que l'on avait extraits des grappes malades, dans toute la contrée, au mois d'octobre 1851, devenaient épais et jaunâtres dès qu'ils étaient exposés à l'air.

En juillet (même année), la maladie continua à sévir avec une grande intensité en Italie et dans le midi de la France. Au mois d'août, Mgr l'évêque de Montpellier ordonna des prières publiques dans son diocèse pour demander à Dieu la cessation de la maladie des raisins.

Enfin nous apprenons que le fléau s'étend aussi aux autres parties de l'Europe où on cultive la vigne. Des lettres d'Athènes font connaître : *Qu'une maladie d'une nature particulière, épidémique, vient de frapper toutes les plantations de vignes des raisins de Corinthe, dans toute la Grèce. Cette maladie, qui jusqu'ici était entièrement inconnue dans ce pays, consiste dans une espèce de matière gluante qui couvre peu à peu toutes les grappes, leur donne une couleur cendrée, puis, au bout de dix jours, les dessèche et en fait tomber les grains et souvent la grappe elle-même.* D'après les derniers rapports cette maladie attaque également, dans beaucoup d'endroits, les autres vignes.

Des lettres de Malaga parvenues à des négociants anglais donnent aussi de sérieuses inquiétudes sur la prochaine récolte de la vigne dans ce pays. La maladie, qu'on n'avait pas encore vue dans ces parages, se déclare avec les mêmes symptômes qu'en Grèce. Les jeunes raisins se couvrent d'une poudre blanche, qui les dessèche et les fait périr.

Fasse le Ciel que ce nouveau fléau ne soit pas le précurseur immédiat du troisième châtiment annoncé par la sainte Vierge, à savoir : une grande disette qui forcera les hommes à faire pénitence par la faim !

3º Il semble que la sainte Vierge, en parlan

aux bergers des maux que son Fils enverrait sur la terre pour punir ses habitants, ait eu spécialement en vue de fixer leur attention sur celui qui serait le plus terrible de tous : je veux dire le manque des récoltes, et la famine qui en serait la suite . En effet, pour frapper davantage ces esprits grossiers, et les préparer en quelque sorte à recevoir la redoutable communication qu'elle avait ordre de leur faire, elle emploie un certain préambule.

Après leur avoir annoncé *que les pommes de terre continueraient à se gâter à tel point, que peu de semaines après la récolte on n'en trouverait plus de bonnes à manger,* la sainte Vierge ajouta : « Mes enfants, lorsque le temps fâcheux dont je vous ai parlé sera venu, vous direz aux personnes auxquelles vous vous intéressez, de garder le blé qu'elles pourront avoir et de ne pas le confier à la terre ; car tout ce que l'on sèmera alors sera mangé par les bêtes, et le peu qui viendra tombera en poussière quand on le battra dans l'aire. »

La sainte Vierge ne se contenta pas de parler une seule fois de cette grande famine à ses jeunes interlocuteurs Après les avoir entretenus des crimes de son peuple et des premiers châtiments que le Ciel doit lui infliger ;

Après leur avoir donné à eux-mêmes des conseils avec une tendresse vraiment maternelle ; enfin, après avoir confié à chacun d'eux un secret, l'auguste reine du ciel les ramène à la pensée de *la famine* qui doit venir sur la terre. Pour cela, elle adresse la parole au jeune Maximin et lui dit :

— Je vous ai annoncé que le blé sera mangé en terre par les insectes, et que le peu qui viendra se gâtera : savez-vous bien, mon petit, ce que c'est que du blé gâté ?

Maximin répondit.

— Non, Madame, je ne le sais pas, je n'en ai jamais vu.

— Vous vous trompez, mon enfant, vous en avez vu : une fois que vous étiez avec votre père dans la pièce *du coin*, votre père prit quelques épis de blé, les froissa dans ses mains, et aussitôt ils tombèrent en poussière. Votre père vous fit remarquer le blé gâté; puis vous vous en retournâtes, et lorsque vous n'étiez plus qu'à une demi-heure de Corps, votre père vous donna un morceau de pain en vous disant :

— Tiens, mon enfant, mange encore du pain cette année : je ne sais qui en mangera l'an prochain, si le blé continue à se gâter comme cela.

Maximin, que cette circonstance de la *pièce du coin*, qui lui était personnelle et qui ne pouvait être connue que d'un être surhumain, avait singulièrement frappé, répondit à la sainte Vierge :

—Oh! oui, Madame, je m'en souviens maintenant; mais tout à l'heure je ne m'en souvenais pas.

— Hé bien, ajouta la sainte Vierge, puisque vous savez ce que c'est que du blé gâté, dites à *mon peuple* que s'il ne veut pas se convertir, le blé se gâtera tellement partout, qu'il viendra une grande famine, et que les hommes qui n'auront pas voulu profiter de mes avertissements feront pénitence par la faim : vous ne manquerez pas, mes enfants (en s'adressant aux deux bergers), de faire passer ce que je viens de vous dire à tout mon peuple.

On avait cru d'abord que la famine dont parle ici la sainte Vierge aurait lieu l'année qui suivit immédiatement la miraculeuse apparition ; cependant les enfants n'avaient rien dit qui pût motiver cette supposition .

Je me souviens que lorsque je fis mon pèlerinage en 1848, j'adressai à Maximin, en présence de Mélanie, la question suivante :

— Dites moi, mon enfant, que dois je répondre aux personnes qui, dans mon pays, me disent qu'elles ne croient pas à l'apparition, parce que la famine prédite par la sainte Vierge n'a pas eu lieu en 1847 ?

Maximin me répondit sans hésiter :

— *Elle ne nous a pas dit quand cela arriverait.*

En relisant aussi attentivement le premier ouvrage de M. l'abbé Rousselot sur la Salette, j'ai remarqué que, d'après le récit que les bergers ont fait de l'apparition et des paroles que la sainte Vierge leur adressa, la famine prédite par la belle dame doit-être précédée de la mort d'un nombre considérable de petits enfants, et par la maladie des pommes de terre et celle des raisins.

Et j'ai prouvé, et du resté tout le monde le sait comme moi, que la prédiction de la sainte Vierge touchant *les pommes de terre et les raisins* a eu son entier accomplissement; mais, comme les enfants n'ont pas encore *été pris du redoutable tremblement qui doit les faire mourir entre les bras des personnes qui en seront chargées,* n'avons nous pas toujours lieu de craindre que si Dieu, en considération des prières des âmes pieuses qui sont encore en si grand nombre parmi nous, ne nous préserve de cette famine dont nous sommes menacés, nous la subirons certainement? Car, il faut bien le reconnaître, la France n'a guère tenu compte des avertissements donnés par la sainte Vierge en 1846; l'esprit public est aujourd'hui ce qu'il était alors, et en réalité on ne s'est pas convertis.

Il faut que Mgr l'Évêque de Grenoble ait aussi de graves inquiétudes sur l'avenir qui nous est réservé; car, dans le mandement qu'il a publié sur l'apparition de la sainte Vierge à la Salette, au mois de septembre 1851, il engage fortement les chrétiens à revenir à l'observance des préceptes de Dieu et de l'Église, en leur déclarant *qu'il y va de leurs intérêts célestes et même terrestres.*

Nous vous en conjurons, nos Frères bien-aimés, dit le vénérable prélat, *rendez vous dociles à la voix de Marie, qui vous appelle à la pénitence, et qui, de la part de son Fils, vous menace de maux spirituels et temporels, si restant insensibles à ses avertissements maternels, vous endurcissez vos cœurs.*

Il est clair que les *maux temporels* dont nous parle ici Mgr de Bruillard sont : *la continuation de la maladie des pommes de terre et de celle des raisins, la mort des petits enfants et la grande famine prédites par la sainte Vierge aux bergers des Alpes.*

Voilà tout ce qui concerne la partie connue du message que la sainte Vierge a rempli auprès des hommes le 19 septembre 1851; voyons maintenant s'il ne nous serait point possible de faire avec fondement quelques conjectures touchant la partie secrète de ce même message. A cette fin, nous rappellerons à notre mémoire quelques paroles sorties de la bouche des bergers dans diverses circonstances, et ce que le Saint-Père dit aux délégués de Mgr l'évêque de Grenoble; après avoir lu les lettres qui renfermaient le secret des enfants de la Salette.

PARTIE SECRÈTE DU MESSAGE QUE LA SAINTE VIERGE A REMPLI AUPRÈS DES HOMMES LE 19 SEPTEMBRE 1846.

Ce fut, comme je l'ai déjà dit, après avoir prédit aux jeunes bergers *que les pommes de terre se*

gâteraient, que les raisins pourriraient, et qu'il viendrait une grande famine, que la Reine du ciel donna
à chacun d'eux son secret.

D'abord elle s'adressa à Maximin, lui annonça
des événements futurs ; puis, selon les propres
expressions de l'enfant, elle ajouta : *Tu ne diras
pas ça, ni ça, ni ça.*

Ensuite la sainte Vierge confia aussi à Mélanie
un secret dont elle lui défendit de parler à personne.

Les bergers ne connaissent nullement le secret
l'un de l'autre :

Voici comment ils s'apprirent mutuellement
que la divine Marie avant de les quitter avait confié à chacun d'eux un secret qu'il ne leur était pas
permis de révéler. Après que la sainte Vierge
eut disparu à leurs yeux, Mélanie dit à Maximin :
*Il faut que cette dame soit une grande sainte. Si nous
avions su que c'était une grande sainte, répondit
Maximin, nous lui aurions dit de nous mener avec
elle.*

Après ce petit colloque des deux enfants sur le
bonheur qu'ils venaient d'éprouver, Maximin
adressa à Mélanie la question suivante : *Lorsque la
dame nous a eu parlé des raisins et des noix, elle t'a
regardé et t'a dit quelque chose. Je voyais bien re-
muer ses lèvres, mais je n'entendais rien : que te
disait-elle donc ?*

Mélanie lui répondit : *Il est vrai que la Dame m'a
dit quelque chose; mais je ne veux pas te le dire,*

elle me l'a défendu. Maximin répartit aussitôt : *Oh ! que je suis content, Mélanie, va : elle m'a dit quelque chose aussi; mais je ne puis non plus te le dire.*

C'est ainsi que les bergers s'aperçurent qu'ils étaient tous deux possesseurs d'un secret qu'il ne leur était permis de découvrir à personne.

Les enfants privilégiés, je l'ai dit, ont gardé leur secret avec une constance inviolable; cependant on a recueilli avec soin quelques paroles sorties de leur bouche dans diverses circonstances, et qui ont paru très significatives

Je rapporterai ici celles qui sont venues à ma connaissance. Peu de temps après que Maximin et Mélanie eurent été, par ordre de Mgr l'évêque de Grenoble, confiés aux soins des Sœurs de la Providence de Corps, les bonnes religieuses les conduisirent, ainsi que leurs autres élèves, à une représentation de la Passion de Notre-Seigneur, qui fut donnée à Corps par des acteurs ambulants. Le soir de ce même jour, Maximin dit à la sœur qui était chargée de lui, avec une certaine animation : *Oh ! ma sœur, j'ai vu aujourd'hui quelque chose qui a rapport à mon secret.* Il redit les mêmes paroles trois ou quatre fois les jours suivants.

La sœur eut beau chercher à lui en faire dire davantage, elle ne put rien obtenir. Les personnes qui ont eu connaissance de ces paroles échappées en quelque sorte à la discrétion ordinaire de Maximin, ont cru qu'elles avaient une immense portée, et qu'elles présageaient des événements d'une nature fort grave : l'effusion du sang, par exemple, ou autres malheurs du même genre.

Voici d'autres paroles prononcées par le même enfant, qui sont aussi très remarquables.

Lorsque sur la fin de 1850, j'ai appris par les journaux que la presse impie attaquait avec acharnement le fait de la miraculeuse apparition de la sainte Vierge à la Salette, j'écrivis à Mélanie, pour lui faire part de la peine que j'éprouvais, en voyant que les hommes qui ont le plus besoin de conversion s'obstinent à repousser avec mépris les moyens de salut qui leur sont miraculeusement envoyés du ciel. Mélanie, après m'avoir exprimé combien elle était elle-même affligée de l'endurcissement des pécheurs, et m'avoir assuré *qu'en parlant de l'événement du 19 septembre 1846, elle n'avait cependant dit que la vérité, et que quand elle serait en face de l'échafaud, elle ne se dédirait jamais;* Mélanie, dis-je, après m'avoir fait part de ses sentiments, ajoute : *Il y a peu de temps que j'ai vu Maximin; je lui ai parlé des récentes attaques contre la Salette, voici ce qu'il m'a dit : Laisse-les faire ; s'ils ne veulent pas se convertir, le bon Dieu saura bien finir ce qu'il a commencé....*

J'avoue que la lettre de Mélanie me causa de graves inquiétudes sur l'avenir de notre chère patrie.

Que veulent dire, me demandai-je à moi-même, ces paroles menaçantes de Maximin : *S'ils ne veulent pas se convertir, le bon Dieu saura bien finir ce qu'il a commencé ?*

Qu'est-ce donc que *le bon Dieu a commencé* depuis le 19 septembre 1846, époque de la *célèbre apparition*, et qu'il fera bien finir, *si les hommes ne veulent pas se convertir ?* En d'autres termes, quels malheurs Dieu a-t-il permis qui arrivassent à la France et à l'Europe, et à quoi devons-nous encore nous attendre ?

Hélas ! les déplorables événements des mois de février et de juin 1848 se présentent de suite à mon esprit : je vois la capitale de la civilisation moderne devenue un objet d'horreur et d'effroi pour les autres peuples, à cause des nombreux actes de sauvage barbarie dont elle a été plusieurs fois le théâtre.

Je vois presque toute l'Europe agitée et troublée par suite de la nouvelle révolution française ; je vois la ville de Rome elle-même, qui jusque-là avait montré tant de respect et de dévoûment pour celui qu'elle regarde à bon droit comme son roi et son pontife, se révolter audacieusement contre lui et se livrer volontairement elle-même à la merci d'une bande de sicaires chassés de toutes les autres nations du monde à cause de leurs nombreux forfaits.

Plus tard sont venues les sanglantes journées du mois de décembre 1851, les incroyables actes commis dans le midi de la France par des hommes qui osent encore se dire français et chrétiens.

Si cette longue série de crimes et de malheurs, et beaucoup d'autres encore dont nous avons été miraculeusement préservés, formaient, comme tout porte à le croire, le fond du secret confié par la sainte Vierge au jeune Maximin, je ne m'étonne plus de la pénible impression que cet enfant ressentit le jour où il assista à la réprésentation de la Passion au bourg de Corps, et des paroles menaçantes qu'il prononça devant Mélanie, le jour où elle lui parla de l'endurcissement des hommes à l'égard des avertissements qui leur sont venus du ciel.

Est-ce là, mon Dieu, tout ce que nous avions à craindre pour la religion et la société? Votre infinie bonté a-t-elle pardonné aux coupables, en faveur des justes ; ou bien avez-vous, à la prière de votre sainte Mère, changé en des châtiments d'une nature différente les épouvantables malheurs que la France et les autres nations de l'Europe ont mérités par leurs péchés.

SECRET DE MÉLANIE.

Au commencement du mois de mai 1851, je reçus de M. l'abbé Rousselot une lettre, dans laquelle M. le grand-vicaire, après m'avoir fait part de la peine que lui avaient causée les attaques de la presse contre le fait de la Salette, me disait : « *Malgré la violence des journaux irréligieux, le fait de la Salette reste debout, et qui plus est, très pro-*

bablement Rome s'en occupera : les deux enfants, soumis à un double interrogatoire touchant leur secret, sont disposés à le dire au Pape.

Un mot échappé à Mélanie : « Si mon secret regardait le Pape lui-même, » donne à penser que le secret regarde des événements sérieux et importants.

Il faut, en effet, que le *secret* fût d'une nature fort grave ; car, d'après les paroles que Pie IX prononça devant les délégués de Mgr l'évêque de Grenoble après avoir lu les lettres des bergers, il est clair que la France était menacée de grands malheurs, et que l'Eglise et son chef auguste devaient aussi avoir beaucoup à souffrir.

Maintenant qu'il nous est permis de mesurer la profondeur de l'abîme dans lequel nous avons été sur le point de tomber, quelles actions de grâces ne devons-nous pas rendre à Dieu, qui n'a envoyé la sainte Vierge sur la terre que pour nous mettre à même de la seconder par nos prières et nos larmes, dans la grande mission de réconciliation et de salut dont son divin Fils l'a si miséricordieusement chargée !

Cependant, de ce que Dieu ne nous a pas encore fait boire jusqu'à la dernière goutte la coupe de ses vengeances, s'ensuit-il que nous devions être sans crainte pour l'avenir, et que la France puisse sans danger continuer à mépriser les préceptes divins et les lois de l'Eglise ? La plupart de nos évêques ne le pensent pas. Qu'il me soit permis d'insérer ici, en preuve de ce que j'avance, le mandement que Mgr l'évêque de Verdun à publié à l'occasion du jubilé de 1852 ; les lettres pastorales que les autres prélats ont aussi données dans cette circonstance expriment presque toutes les mêmes appréhensions, si on ne se hâte de fléchir le courroux céleste par une sincère pénitence.

Voici ce remarquable document :

Mgr de Verdun, après avoir dit à ses diocésains qu'il s'était d'abord proposé de les entretenir, dans son mandement pour le Carême de 1852, des heureux résultats qu'avait produits parmi eux le jubilé de 1851, s'exprime ainsi :

« Mais une voix plus forte et plus puissante que la nôtre devait retentir à vos oreilles, N. T. C. F. Et voilà qu'en effet une parole descendue du haut de la Chaire suprême nous invite à vous entretenir non plus de nos consolations et de nos joies, mais des craintes et des alarmes qui remplissent le cœur paternel du Vicaire de Jésus-Christ. Placé au sommet de la montagne sainte d'où son œil attentif contemple tous les champs de bataille où la vérité est aux prises avec l'erreur, et justement alarmé des tempêtes qui menacent l'Église et la Société, le Père commun de la grande famille chrétienne nous ordonne de vous ouvrir de nouveau les trésors de l'Église et de vous appeler aux pieds des autels, pour y conjurer par d'unanimes supplications les fléaux suspendus sur nos têtes. Ainsi, quand l'invasion ennemie menace la frontière, les chefs des nations appellent sous les armes tous les enfants de la patrie pour défendre et protéger l'indépendance commune ; ainsi, à la vue des périls de la foi, le Chef de l'Eglise appelle tous ses enfants aux armes pacifiques, mais toutes puissantes, de la prière et de l'expiation.

» Et fut-il jamais plus nécessaire de venir au secours de la société en péril? Pour justifier les alarmes du Souverain-Pontife, faudrait-il remettre sous vos yeux les hideux et déchirants souvenirs qui sont encore présents à tous les esprits? Certes, nous n'avons garde de méconnaître ce que, dans ces derniers temps, une main ferme et courageuse, merveilleusement secondée par la Providence, a fait pour le salut de la patrie. Nous n'oublions pas surtout ce qu'en particulier notre diocèse a offert de consolant pendant l'année qui vient de finir, et c'est un témoignage que nous aimons à vous rendre : les sauvages excès qui ont affligé d'autres contrées n'ont rencontré au milieu de vous qu'un sentiment unanime de répulsion et d'horreur. Mais si l'ordre matériel n'a pas été troublé, si grâce au zèle de vos pasteurs et à l'influence toute puissante du Jubilé, l'ordre moral, c'est-à-dire la Religion, a pu constater d'heureux progrès, gardons-nous de croire que tout soit fini, et que la lutte du bien et du mal, de la vérité et du mensonge, ait cessé parmi nous. Et quand en effet, perçant au-delà de cette surface trompeuse, on vient à jeter un coup d'œil attentif sur l'état moral du monde, quand on plonge du regard et de la pensée jusqu'au cœur des nations, peut-on songer, sans un religieux effroi, aux trésors de colere divine et de tempêtes humaines que l'avenir récèle dans ses flancs?

» On essaierait en vain à se le dissimuler, N. T. C. F. : depuis bientôt un siècle, il existe au milieu de nous une conjuration permanente dont le but avoué est de reléguer Dieu dans le ciel, et de le bannir de la société civile. Rien n'a été épargné pour y parvenir : livres impies, brochures ordurières, romans obscènes, feuilletons immoraux, associations ténébreuses, tout a été mis en usage; et ce qu'il y a de plus affligeant, c'est que, forts de l'indifférence générale, les modernes conspirateurs réussirent trop souvent à rendre les pouvoirs publics, et les lois elles-mêmes, complices de leurs projets. Si pendant soixante ans nous avons vu l'impiété s'agiter dans tous les sens, si dans une période de moins de quinze années, et sous l'un des gouvernements qui se soit montré le plus favorable à l'Eglise, elle a trouvé le moyen de jeter, à vil prix et souvent pour rien, à l'avide curiosité des lecteurs de bas étage, plus de dix millions de volumes immoraux, séditieux ou athées; tant d'efforts n'avaient qu'un but, c'était d'anéantir l'Eglise, de détrôner Jésus-Christ, et de secouer, une fois pour toutes, le joug de l'Eternel. Nous ne lisons pas sans effroi, dans nos livres sacrés, l'audacieuse tentative des anges re belles, qui un jour voulurent détrôner le Tout-Puissant et partager avec lui le pouvoir suprême. Eh bien ! à six mille ans d'intervalle et en plein soleil du Christianisme, l'homme a osé renouveler cet attentat sacrilége, en refusant de soumettre sa raison d'un jour à la révélation divine. Lui aussi, dans l'orgueil de sa révolte, a osé se mesurer avec Dieu, et désormais affranchi de toute croyance comme de tout devoir religieux, il a pu dire avec l'archange rebelle : Non, je n'obéirai pas : *Non serviam* [1].

» Tant que ces monstrueuses doctrines restèrent à l'état de théorie, une société imprévoyante et frivole pouvait à toute force ne pas s'en inquiéter. Mais le temps n'était pas loin où, du domaine de la discussion, elles devaient passer dans les actes. En niant l'autorité de Dieu, les sophistes avaient été fatalement amenés à nier toute autorité humaine. Bientôt devaient arriver à leur suite des logiciens plus hardis, qui ne reculeraient pas devant les conséquences. Nous les avons vus à l'œuvre, N. T. C. F., et l'histoire dira à quoi il a tenu qu'ils ne montassent au pouvoir. A ces guerres savantes et frivoles des partis qui se disputaient les derniers lambeaux d'un pouvoir expirant, à ces luttes brillantes de la parole qui démolissaient pièce à pièce l'édifice religieux et social, pour le triste plaisir d'occuper l'attention de la foule, ont

---

[1] Jérem., II, 20.

succédé tout à coup des guerres cruelles, traînant à leur suite le pillage, l'extermination, le meurtre, et l'incendie. Un moment le sol a tremblé; la propriété elle-même, cette dernière barrière de l'ordre social, a été menacée, et cette brillante civilisation dont nous sommes si fiers a reculé d'horreur et d'effroi devant les flots impurs sortis de ces théories sauvages, comme devant une nouvelle invasion de barbares.

» Nous le disons sans aucune restriction, N. T. C. F., la langue n'a pas d'expressions assez énergiques pour flétrir de tels excès, et l'âme humaine déborde d'indignation et de dégoût, au seul récit de ces monstrueux attentats, dont le bruit est arrivé jusqu'à nous. Et pourtant aurions-nous sérieusement le droit d'en être surpris? A un peuple à qui on a répété, sur tous les tons, qu'il pouvait se passer de Dieu et des prêtres, était il donc si difficile de conclure à son tour qu'il peut encore se passer de rois et de maîtres. Quand la raison de l'homme est la règle souveraine des droits et des devoirs, est-il donc si étonnant que le peuple se fasse une morale avec ses passions et qu'il se crée des droits au gré de ses convoitises? Si Jésus-Christ n'est qu'un mot, le paradis une chimère et l'enfer un épouvantail, pourquoi serait-il interdit au pauvre de réclamer sa part de ce paradis terrestre que vous avez si imprudemment placé dans l'or et les plaisirs? S'il n'est pas tenu de respecter la loi divine qui a dit :

Bien d'autrui tu ne prendras, ni retiendras injuste-
ment, de quel droit lui demanderez-vous qu'il
respecte l'article du code civil qui protége vos pro-
priétés? Lui direz-vous que la loi défend d'y porter atteinte, il vous répondra que c'est une loi humaine, et que rien n'est si facile que de la chan-
ger. Tout s'enchaîne dans le monde, N. T. C. F.,
du jour où l'autorité de Dieu cesse d'être respec-
tée, il n'y a plus d'autorité humaine possible; il
n'y a plus d'autres droits que la force, et la société,
privée de tout appui, flotte au gré des révolutions,
comme un navire désemparé flotte au gré des
tempêtes.

» Et pourquoi en effet ne pas dire tout haut ce
que tout le monde pense tout bas! Depuis qu'on
a nié son origine céleste, quel est, au sein des
masses, le sentiment qu'éveille le nom seul d'autorité ? Hélas ! sous. quelque forme heureuse
qu'elle se produise, si faible ou si bienveillante
qu'elle se fasse, on ne peut la souffrir nulle part;
et comme on l'a dit avec trop de vérité, on lui par-
donnerait ses fautes ou ses excès plus volontiers
que son existence. Singulier contraste que celui
que présente notre époque de confusion et d'in-
conséquence ! Un instinct plus fort que tous les so-
phismes dit aux masses qu'elles ont besoin d'autorité ; qu'un pouvoir fort et énergique est le
premier besoin d'une nation, la première condition de la vie sociale; que la confusion et l'anarchie, c'est-à-dire les révolutions en permanence,

seront l'éternel partage de toute société où tout
le monde commande, où nul ne veut obéir. Et
cependant cette autorité dont tout le monde pro-
clame le besoin, a peine a-t-elle paru, que tous,
amis ou ennemis, s'acharnent à la déconsidérer,
à la rendre impossible. Chaque fois qu'une nouvelle secousse renverse le pouvoir, tous se mettent à l'œuvre pour rebâtir sur un plan meilleur
et plus complet; mais le nouvel édifice, qu'on avait
eu soin de déclarer immortel, est à peine sorti du
sol que déjà (ce spectacle, la génération présente
l'a vu quatre fois dans un demi-siècle) on se plaint
de ne pas avoir assez de bras pour le démolir.
C'est à peine si l'autorité la plus sainte après celle
de Dieu, l'autorité de la famille, échappe à cette
destinée. Grâce à l'aveugle indulgence de nos lois
et à la mollesse de nos mœurs, la puissance paternelle, à peu près désarmée, n'est plus cette magis-
trature jadis si révérée, qui commandait à la fois
l'amour et le respect. Le contre-coup des révolutions qui ont ébranlé l'État a retenti jusque dans
la famille ; le dogme insensé de l'égalité a passé
de la société politique à la société privée, le scep-
tre s'est brisé dans la main des pères comme dans
celle des rois ; et, nous en attestons les annales de
la justice humaine, c'est à peine si dans le cours
d'une année, il se passe une séance solennelle de
nos tribunaux sans que leurs fastes aient à enre-
gistrer quelque nouvel attentat contre l'autorité
paternelle.

» Ainsi, pour nous résumer : dans l'ordre social, instabilité, défiance, agitation, impuissance totale de rien établir ; dans l'ordre intellectuel, l'anarchie au sein des esprits, le doute et l anxiété martyrisant les âmes, la force seule courbant les volontés ; dans l'ordre moral, le vol, la spoliation, l'adultère, passés à l'état de théorie ; dans l'ordre religieux, haine de Dieu et mépris de l'homme, désertion des sacrements, abandon de la prière, oubli complet des vérités du salut, profanation audacieuse des saints jours, le cabaret se substituant partout à l'Église, les orgies du lundi remplaçant le repos du dimanche : voilà la société telle que nous l'ont faite les sophistes qui, depuis un siècle, s'arrogent le droit exclusif de gouverner les intelligences.

» On se demande, avec une indicible tristesse, combien de temps peut durer une société livrée à de telles épreuves ? C'est le secret de Dieu, N. T. C. F. ; nous n'avons point assisté à ses conseils, et nous ignorons s'il nous visitera dans sa colère ou dans sa miséricorde. Mais s'il est en nous une conviction profondément arrêtée, c'est que nul effort, si éclairé ou si généreux qu'il soit, ne réussira à sauver la société qu'à une seule condition ; c'est de la replacer sur la base naturelle des croyances et des pratiques religieuses. Et ne voyez-vous pas en effet que la maladie dont les sociétés sont atteintes a sa racine jusque dans les dernières profondeurs de l'âme humaine ; que le

cœur et l'intelligence des peuples ont été perver-
tis et corrompus. Eh bien! c'est là qu'il faut porter le remède. La force matérielle pourra bien un
instant suspendre la lutte, mais ce ne sera là
qu'une trève d'un jour ; le lendemain, les difficultés se reproduiront sous une forme nouvelle,
et tout sera à recommencer.

» En vain, pour calmer cette fièvre de révolutions qui agite et tourmente les peuples, essaie-
rez-vous de les endormir au sein des jouissances
de la vie matérielle? Les leçons de l'expérience
sont encore là, pour démontrer la profonde vanité
de cette ressource. Jamais, on peut le dire, il ne
fut accordé à une nation de s'élever plus haut par
le génie des arts et les prodiges de l'industrie.
Pendant cinquante ans, rien n'a manqué aux pros-
pérités de la patrie, ni la gloire des armes, ni la
culture des lettres, ni la perfection des machines.
Vous avez dérobé à la nature ses secrets, votre
compas a mesuré les cieux, vous avez attaché la
foudre aux roues de vos chars et aux flancs de
vos vaisseaux, et, grâce au parti que vous avez su
tirer du plus subtil comme du plus indompta-
ble des agents, la vapeur, vous parcourez en un
instant et sans fatigue des espaces réputés jusqu'alors infranchissables. Il y a plus, vous avez
donné aux communications de la pensée une ra-
pidité qui ne peut être égalée que par la pensée
elle-même. Eh bien! cette prospérité inouïe, de
quoi vous a t-elle servi, sinon à jeter les peuples

dans le dégoût et la satiété de toutes choses, et à fournir de nouveaux et plus redoutables instruments de désordres à tous les entrepreneurs de révolutions? Et pourquoi? Ah! Nous le dirons, l'Evangile à la main, c'est que les sociétés pas plus que les individus ne vivent de *pain* matériel, c'est-à-dire, de commerce et d'industrie; ce qui leur faut aux sociétés, c'est la *parole qui sort de la bouche de Dieu*, c'est la foi qui fortifie, l'espérance qui console, la charité qui adoucit toutes les souffrances, quand elle ne peut les guérir. Pour échapper aux maux qui nous menacent et que nous avons entrevus de si près, il n'est qu'une voie, c'est un retour sincère, énergique, aux lois fondamentales que Dieu a données pour règles aux sociétés. Il est surtout un précepte. N. T. C. F., dont l'observance fidèle attire les bénédictions de Dieu sur les empires : la sanctification des dimanches; et, nous sommes heureux de le dire en passant, c'est avec bonheur que naguère nous avons entendu l'un des organes du pouvoir déclarer que désormais l'Etat se ferait un devoir de donner aux peuples l'exemple du respect pour les saints jours. Oh! puissions-nous voir enfin disparaître, du milieu de la première nation catholique du monde, le scandale de ces profanations publiques qui finiraient par nous mettre au ban des nations chrétiennes! Que le dimanche reprenne ses droits sacrés parmi nous; que les classes élevées de la société, si puissantes pour le bien, contribuent par leur exemple à lui rendre ses antiques honneurs ; que les peuples cessent de s'exiler de nos assemblées saintes ; que la prière et l'adoration publiques, trop long-temps exilées du monde, y prennent leur place, et nous répondons du salut de la société.

» Oui, quoi qu'en dise une sagesse sceptique et frondeuse, la prière, et la prière publique surtout, voilà la grande loi du monde moral. C'est parce que la prière a tari dans le cœur de l'homme que tous les maux sont venus fondre sur nous ; c'est en la replaçant sur nos lèvres que nous en conjurerons le retour. Et voilà pourquoi, en terminant, nous vous invitons à porter vos regards vers la Chaire éternelle, du haut de laquelle Dieu nous parle et nous avertit par son Vicaire. Là, N. T. C. F., vous verrez le Pontife Suprême offrant à Dieu, dans les besoins pressants de la société, ses tribulations, ses angoisses, et cette immense couronne de douleurs qui est venue ceindre son front en même temps que le triple diadème. Et qui sait si ce n'est pas à cette prière puissante que nous devons cette trève inattendue qui est venue tout à coup rasséréner un ciel gros de tempêtes et d'orages? A son exemple, N. T. C. F., essayons de désarmer le courroux divin. Pour donner plus de puissance à nos prières, joignons-y la pénitence qui expie les péchés, et l'aumône qui les rachète. C'est pour aider plus puissamment à ce grand résultat que la sagesse paternelle du Saint-Siége vient de nous ouvrir, une seconde fois, les trésors spirituels de l'Eglise. Hâtez-vous d'y puiser, vous tous, N. T. C. F., vous surtout nos enfants bien-aimés qui auriez eu le malheur de repousser les grâces du dernier Jubilé. Le soldat à qui le cœur a manqué dans un premier combat soupire après un nouvel engagement, pour venger l'injure d'une première défaite. Elle se présente à vous, cette occasion heureuse de réparer une trop coupable négligence. Qui vous arrêterait? Serait-ce la crainte d'abdiquer une liberté funeste? Ah! croyez-en à la parole de ceux qui, plus sages et plus heureux que vous, en ont fait l'expérience, servir Dieu, ce n'est pas être esclave, c'est régner : *Servire Deo, regnare est.* Et, si la véritable indépendance a pour vous des attraits si puissants, souvenez-vous que, selon la parole profonde du grand Apôtre, elle ne se trouve que là où souffle l'esprit du Seigneur : *Ubi Spiritus Domini, ibi libertas.*

Je n'ai rien à ajouter à des pensées si profondes et si justes, et qui sont exprimées d'une manière tout à la fois si énergique et si touchante.

Au moment où je finis cet article, je reçois la lettre pastorale que Mgr l'évêque de Grenoble vient de publier pour annoncer la pose de la première pierre du sanctuaire de Notre-Dame de la Salette. Je remarque, dans ce précieux document, que l'illustre prélat de Grenoble émet la même opinion que son vénérable collègue de Verdun

touchant les maux dont nous sommes encore menacés à cause de nos péchés.

D'après Mgr de Bruillard ce n'est qu'à la puissante protection de la sainte Vierge *que la société
est redevable d'avoir échappé à une ruine certaine;
comme ce n'est que par elle que nous échapperons
encore à de plus grands malheurs que ceux qui ont
été près de fondre sur nous.*

Que pouvons-nous encore espérer pour la
France?

Il est certain que si la France n'était pas la nation privilégiée de Dieu, si elle n'était pas consacrée à la sainte Vierge d'une manière toute particulière, nous aurions lieu de craindre que la foi
ne nous fût enlevée pour être donnée à des peuples
qui en feraient un meilleur usage que nous ; car,
il faut bien le reconnaître, depuis soixante ans nous
n'avons répondu aux innombrables bienfaits dont
le Ciel nous a comblés que par des actes de la plus
noire ingratitude.

Sans parler ici de ces douze millions de livres impies et immoraux qui ont été répandus en France
pendant les dix-huit années de la Restauration,
que dire de cette espèce d'apostasie d'une grande
partie de la nation qui maintenant ne reconnaît
d'autre Dieu que les richesses et le plaisir, de cet
enseignement irréligieux et sceptique donné depuis longtemps dans un grand nombre d'établis-
sements publics, de cette démoralisation des classes inférieures, par les exemples de beaucoup de

gens riches ou aisés qui leur ont appris à se passer de Dieu et à ne faire consister leur bonheur que dans les jouissances des sens?

De pareils crimes sont plus que suffisants pour attirer sur un peuple tous les fléaux de la justice de Dieu.... Mais hâtons-nous de dire ici, pour l'honneur de la première nation catholique de l'univers, qu'à côté de cette multitude d'hommes irréligieux de toute condition, se trouvent encore, grâces au Ciel, parmi nous :

40,000 prêtres, qui offrent chaque jour au Seigneur, avec l'adorable sacrifice de nos autels, le mérite des actes les plus heroïques du dévouement et de la charité chrétienne ; 5,000 religieux et 15,000 religieuses, qui, par la pratique de la pénitence, et la plupart par les services qu'ils rendent à l'humanité souffrante et à l'enfant du pauvre, dont ils forment le cœur en même temps qu'ils lui apprennent à gagner sa vie d'une manière honnête, fixent l'attention de Dieu et des anges ; 50,000 membres de l'admirable société de Saint-Vincent de-Paul, qui, après avoir rempli avec délicatesse et conscience, pendant le jour, les fonctions de leurs emplois divers, ne se livrent aux douceurs de la vie de famille, et au repos dont ils ont besoin, qu'après avoir porté dans le réduit du malheureux et la mansarde de l'ouvrier que la maladie eloigne momentanément de son travail les secours temporels et spirituels dont l'un et l'autre ont si souvent un pressant besoin.

Enfin une multitude innombrable de personnes de tout sexe, de tout âge, et de toutes conditions, dont la foi, la piété, et les bonnes œuvres ne le cèdent en rien aux vertus héroïques des premiers chrétiens :

Voilà ce qui empêche Dieu d'enlever à la France la lumière bienfaisante et pure de l'Évangile ! Voilà ce qui lui a mérité cette visite miséricordieuse de la sainte Vierge, le 19 septembre 1846.

Voilà pourquoi la Reine du ciel a déclaré aux bergers de la Salette qu'*elle prie continuellement son divin Fils, afin qu'il n'abandonne pas la France au plus grand des malheurs, c'est-à dire, à la perte de la foi catholique,*

Voilà enfin ce qui a engagé Dieu, au mois de décembre 1851, à étendre sur nous, d'une manière visible, sa main protectrice, qui nous a sauvés.

Après de telles faveurs dont la France a été l'objet dans ces derniers temps, serait-il téméraire de notre part d'espérer que le Seigneur, en considération du grand nombre de justes qui se trouvent encore parmi nous, ramènera à lui assez de pécheurs pour que nous puissions voir un jour l'accomplissement des magnifiques promesses faites par la sainte Vierge aux bergers des Alpes?

Mais s'ils se convertissent, ajouta l'auguste Mère de Dieu, après avoir prédit les châtiments par lesquels son Fils punirait les hommes, à cause de leurs crimes ; *mais s'ils se convertissent*, les choses changeront entièrement de face : tous les fléaux qui auront auparavant affligé l'humanité disparaîtront à la fois, et l'abondance des récoltes sera telle alors, *que les pommes de terre viendront dans les champs même qui n'auront pas été ensemencés, et que les rochers et les pierres sembleront s'être changés en monceaux de blé.*

Ces expressions *bibliques* marquent tout ce que l'extrême bonté de Dieu est disposée à faire en notre faveur, si, par un sincère retour aux pratiques de la religion, nous apaisons encore une fois le courroux céleste, justement provoqué par nos crimes.

———

LETTRE PASTORALE DE Mgr L'ÉVÊQUE DE GRENOBLE,

Qui annonce la pose de la première pierre du sanctuaire de Notre-Dame de la Salette.

Dans son mandement du 19 septembre 1851, Mgr l'évêque de Grenoble avait dit : « Nous venons d'acquérir le terrain favorisé de l'apparition céleste. Nous nous proposons d'y construire incessamment une église, qui soit un monument de la miséricordieuse bonté de Marie envers nous, et de notre gratitude envers elle »

Mgr de Bruillard, fidèle à sa promesse, a adressé, le 1er mai 1852, une lettre pastorale à son diocèse, pour annoncer la bénédiction et la pose de la première pierre du nouveau sanctuaire de Notre-Dame de la Salette, qui devaient avoir lieu le 25 du même mois. Voici ce remarquable document, digne du zèle infatigable et de la tendre piété de Mgr l'évêque de Grenoble :

Nos très chers frères,

Depuis l'origine du christianisme, il est arrivé bien rarement qu'un évêque ait eu à proclamer la vérité d'une apparition de l'auguste Mère de Dieu. Ce bonheur, le Ciel nous le réservait, sans que nous l'ayons mérité personnellement, comme une preuve sensible de sa miséricordieuse bonté envers nos bien-aimés diocésains. C'est une *mission* infiniment honorable qu'il nous a été donné de remplir ; c'est un *devoir* sacré dont nous avions à nous acquitter ; c'est un *droit* qui nous est conféré par les saints Canons, et dont nous avons dû faire usage, sous peine d'une resistance coupable à la voix du Ciel, et d'une opposition blâmable aux vœux que l'on nous exprimait de toutes parts.

Aussi notre mandement du 19 septembre a-t-il été accueilli avec une satisfaction universelle. L'opinion générale avait précédé notre décision, et notre jugement doctrinal n'a fait que lui donner la sanction qui lui manquait pour devenir une certitude pleine et entière.

Nous avons reçu des adhésions, des félicitations, divers dons, et des promesses de secours, pour le sanctuaire de la Salette, de la part de plusieurs Princes de l'Église et d'un grand nombre de nos vénérables collègues. Plusieurs même d'entre eux ont fait publier dans leurs diocèses notre Mandement, surtout le dispositif où nous faisons appel au concours généreux des prêtres et des fidèles, tant de la France que de l'étranger. Nous ne parlons pas ici des adhésions du Clergé du second ordre, des fidèles pieux et instruits : elles sont sans nombre. Il y en a de beaucoup de diocèses et de tous les pays, de l'orient et du couchant, du nord et du midi.

Notre Mandement a aussi été reproduit par la presse religieuse de la capitale et des départements. Huit jours après sa publication dans notre diocèse, le vénérable Évêque de Gaud le faisait traduire en flamand, et le répandait dans toute la Belgique. Bientôt après il paraissait, traduit en anglais, dans une feuille catholique de Londres. Une feuille religieuse de Soleure (Suisse) et deux autres d'Augsbourg le publiaient en allemand. Traduit en italien, il a paru d'abord à Milan, à Gênes; et enfin, le 1er de ce mois, l'*Osservatore Romano* recevait la permission de lui donner place dans ses colonnes.

Il devait en être ainsi, nos très chers Frères. Ce n'est pas en vain que la Mère de miséricorde a daigné visiter les enfants des hommes. Ce n'est pas en vain qu'à la vue des désordres qui excitent la colère de son Fils, elle est venue, en quelque sorte, se réfugier dans nos montagnes, verser des larmes, nous avertir des châtiments qui nous étaient réservés si on ne se convertissait pas, nous rappeler la crainte de Dieu, le respect pour son saint nom, la sanctification du dimanche, l'observation de tous les commandements de Dieu et de son Eglise. Des paroles descendues de si haut devaient avoir un immense retentissement et être entendues de toutes les nations; comme le lieu où elle s'est montrée devait, ce semble, être assez haut pour être vu de tous les peuples. Reportez-vous à l'origine de ce grand événement : voyez sa naissance presque inconnue, sa diffusion prompte, rapide, à travers la France et l'Europe, son vol dans les quatre parties du monde, enfin son arrivée providentielle dans la capitale du monde chrétien. A Dieu seul honneur et gloire! Nous n'avons été qu'un faible instrument de sa volonté adorable. C'est à l'auguste Vierge de la Salette qu'est dû ce succès inouï, prodigieux; elle seule avait tout disposé pour amener ce résultat inespéré; elle seule avait triomphé de tous les obstacles, résolu toutes les objections, anéanti toutes les difficultés; elle seule avait préparé le succès; elle seule saura couronner son œuvre. Pour notre part, nous n'avons qu'à la remercier mille fois du choix tout gratuit qu'elle a fait de nous pour être le héraut de sa gloire, et de la miséricordieuse protection dont elle veut bien toujours couvrir notre bien-aimé Diocèse, notre chère patrie, et le monde entier.

I. Cependant, nos très chers Frères, nous n'avons encore rempli qu'une partie de la grande mission que le Ciel nous a donnée; une autre, non moins belle, non moins importante à la gloire de Dieu, à l'honneur de la Vierge sans tache, au bonheur de notre diocèse, et au bien de la France entière, nous reste à accomplir; et, pour l'accomplir, nous n'épargnerons ni soins, ni peines, ni sacrifices : trop heureux de consacrer les restes de notre longue carrière à la fondation d'un nouveau pèlerinage en l'honneur de Celle qui est si justement proclamée le *Secours des Chrétiens*, le *refuge des pécheurs*, la *consolatrice des affligés*, le *salut des infirmes* : pèlerinage qui sera pour le peuple chrétien, dans la suite des temps, la *forteresse de Sion*, une *ville de refuge*, un asile contre les coups de la justice du Ciel, si souvent provoquée par les crimes de la terre.

Rappelez-vous ici l'époque à laquelle Marie apparut sur la montagne de la Salette. Cette apparition, le 19 septembre 1846, n'a-t-elle pas été comme la préface des plus grands événements? Voyez les agitations populaires, les trônes renversés, l'Europe bouleversée, la société sur le penchant de sa ruine. Qui nous a préservés, qui nous préservera encore de plus grands malheurs, si ce n'est Celle qui est venue d'en haut sur nos montagnes, pour y planter en quelque sorte un signe de ralliement et de salut, un phare lumineux, un serpent d'airain vers lequel les âmes pieuses ont levé les yeux pour détourner le courroux céleste et nous guérir de blessures incurables !

Le pèlerinage de Notre-Dame de la Salette existe donc déjà, et, depuis l'apparition de la bienheureuse Vierge Marie, il est en plein exercice. Il n'y a eu jusqu'ici, il est vrai, qu'une pauvre chapelle en planches, sans prêtres spécialement chargés de la desservir. Mais tout le monde a senti le besoin de se faire un temple en ce lieu privilégié; chacun s'est fait son temple sur cette montagne solitaire. La piété, les soupirs, les larmes en ont été les ornements. Avec quelle confiance, quelle foi, des milliers de pèlerins ne sont-ils pas venus annuellement courber leurs fronts sur cette terre bénie, baiser respectueusement les traces de Marie ! Quels sacrifices de voyage n'ont-ils pas fait pour venir chanter avec le Roi Prophète : *Fundamenta ejus in montibus sanctis* [1], « elle a établi sa demeure sur une montagne qu'elle a sanctifiée. » « Nous la vénèrerons dans un lieu où elle a reposé ses pieds sacrés : » *Adorabimus in loco ubi steterunt pedes ejus* [2] ! Combien de fois aussi n'avons nous pas vu de pieux pèlerins déposer l'avance, et pour un sanctuaire qui n'existait encore que dans leurs vœux, des ornements de prix

[1] Ps. 86, 1.

[2] Ps. 131, 7.

et même des souvenirs d'affection? Ne nous ont-ils pas rappelé cette spontanéité de dons offerts par les enfants d'Israel pour le tabernacle de Moïse et pour le temple de Salomon? Si le fait de la Salette avait encore besoin de confirmation, il la trouverait dans ce concours, dans cette piété, dans cette joie céleste, dans un si grand nombre de sacrifices. Et quelles merveilles de tout genre n'ont pas été la récompense de tant de foi, de tant de dévotion !

Vous l'avez compris, Nos très chers Frères : il s'agit maintenant de la construction d'un sanctuaire en l'honneur de notre auguste Mère, sur la montagne privilégiée qu'elle a daigné honorer de sa présence, sur laquelle a retenti sa céleste voix.

Ce sanctuaire doit être digne de la Reine du ciel et un témoignage de notre reconnaissance envers Elle; digne de notre diocèse privilégié, du pieux concours qui nous édifie, et des généreuses offrandes qui nous parviennent : car, disons-le, ce n'est pas pour une localité plus ou moins restreinte, c'est pour l'univers que nous bâtissons. En quel lieu, en effet, n'a pas retenti le nom de Notre-Dame de la Salette? En quel lieu ne l'a-t-on pas invoqué? Et quel pays, proclamons-le hautement, n'a pas été signalé par quelque faveur temporelle ou spirituelle due à son intercession?

Au milieu du concours général que tout nous

fait espérer pour cette noble entreprise, notre diocèse, nous en sommes sûr, ne restera pas en arrière ; il se maintiendra, au contraire, à la tête du grand mouvement qui se manifeste de toute part. Notre diocèse, qui a tant de fois répondu si généreusement à notre appel, même en faveur d'œuvres *étrangères*, entendra notre voix ; il répondra à l'appel que nous lui adressons en faveur d'une œuvre qu'il a connue le premier, qu'il aime, dont il a ressenti les heureux effets ; d'une œuvre qui est véritablement la *sienne*, par la volonté du Très-Haut et par le choix tout gratuit de Celle qu'il a depuis des siècles pour première patronne, pour avocate, et pour Mère.

La facilité que nos chers diocésains ont de puiser à cette source de grâces, et la proximité des lieux, leur assurent sur les pèlerins étrangers des avantages économiques dont les constructions projetées doivent profiter.

Nous voici arrivés au beau Mois de Mai, à ce mois consacré d'une manière toute spéciale au culte de Marie, à ce mois où tant d'hommages lui sont adressés de toutes les parties de la terre, à ce mois de conversions parmi les pécheurs, de grâces pour les justes, de bonnes œuvres multipliées en l'honneur de Celle que l'on n'invoqua jamais en vain. Eh bien ! nos chers Frères, c'est ce mois que nous avons voulu choisir pour la bénédiction et la pose de la première pierre du Sanctuaire de Notre-Dame de la Salette. Nous avons voulu que cette cérémonie se fît avec un appareil digne de son objet ; nous avons invité un de nos plus chers collègues à faire ce qu'il nous eût été si doux de faire nous-même en personne, si, plus encore que l'âge, des souffrances habituelles nous l'eussent permis. En cela, nous avons dû nous résigner à la volonté de Dieu, et faire le sacrifice de nos affections.

Nous vous invitons également, nos chers et bien-aimés Frères, à vous rendre vous-mêmes sur la sainte Montagne, et à augmenter, par votre pieux concours, la magnificence de ce jour qui doit réjouir le ciel et faire tressaillir la terre d'allégresse.

C'est aussi durant ce mois de Marie que dans toutes les églises et chapelles de notre diocèse se ront recueillies les offrandes de la piété pour la construction du nouvel édifice.

II. Mais, nos très chers Frères, quelque importante que soit l'érection d'un Sanctuaire, il est quelque chose de plus important encore : ce sont des Ministres de la Religion destinés à le desservir, à recueillir les pieux pèlerins, à leur faire entendre la parole de Dieu, a exercer envers eux le ministère de la réconciliation, à leur administrer l'auguste sacrement de nos autels, et à être pour tous, *les dispensateurs fidèles des mystères de Dieu*[1], et des trésors spirituels de l'Église.

Ces prêtres seront appelés les *Missionnaires de*

[1] Cor., IV 1.

Notre-Dame de la Salette; leur création et leur existence seront, ainsi que le Sanctuaire lui-même. un monument éternel, un souvenir p erpétuel de l'apparition miséricordieuse de Marie.

Ces prêtres, choisis entre beaucoup d'autres, pour être les modèles et les auxiliaires du clergé des villes et des campagnes, auront une résidence habituelle dans la ville épiscopale. Ils séjourneront sur la montagne pendant la saison du pèlerinage ; et pendant l'hiver ils évangéliseront les différentes paroisses du diocèse.

C'est donc un corps de missionnaires diocésains que nous instituons dès à présent, que nous voulons vivifier et agrandir de tout notre pouvoir, au prix de tous les sacrifices et avec le concours de nos pieux diocésains, et surtout de notre bien-aimé clergé. Ces missionnaires suppléeront à ce que ne peuvent faire les corps religieux que nous avons appelés, accueillis, dont nous avons reçu tant d'éminents services, dont nous proclamons hautement le dévouement au diocèse, les vertus religieuses, le savoir, le zèle, et les succès. Daignent la Vierge Immaculée, le grand saint Dominique, l'illustre saint Ignace, faire descendre sur leurs enfants chéris une pluie abondante de grâces ! Cependant ne pouvons-nous pas dire avec le divin maître : La moisson est abondante et les ouvriers en petit nombre : *Messis quidem multa, operarii autem pauci*[1] ? Puissent-ils être bientôt

[1] Matt. ix, 37.

assez nombreux pour que les paroisses de notre diocèse jouissent tour à tour des bienfaits inestimables d'une mission après un certain nombre d'années ! Déjà d'autres diocèses possèdent ce précieux avantage.

Ce corps de missionnaires est comme le sceau que nous voulons mettre aux autres œuvres que, par la grâce de Dieu, il nous a été donné de créer. C'est, pour ainsi dire, la dernière page de notre testament ; c'est le dernier legs que nous voulons faire à nos bien-aimés diocésains.

C'est un souvenir vivant que nous voulons laisser à toutes et à chacune de nos paroisses : nous voulons revivre au milieu de vous, nos Chers Frères, par ces hommes respectables, qui, en vous parlant de Dieu, vous feront souvenir de prier pour nous.

Aussi, nos Chers Coopérateurs, avez-vous salué avec des acclamations de joie notre pensée, dès qu'elle vous a été connue : preuve éclatante de la communauté de vues et de sentiments qui existe entre vous et celui que Dieu a placé à votre tête.

Cette société de prêtres, destinés à devenir vos puissants auxiliaires, et qui, pour le devenir, font le sacrifice de leur personne, de leur position avantageuse, et embrassent la vie pauvre, dure, laborieuse, de l'homme apostolique, réclame votre généreux concours, ainsi que celui de vos honorables paroissiens. Il leur faut nécessairement à Grenoble une maison qui leur serve de noviciat pour former les jeunes prêtres, où, dans le recueillement et l'étude, ils se préparent à de nouveaux travaux, et dans laquelle ils puissent honorablement abriter leur vieillesse. Il leur faut un modeste mobilier, du linge, une bibliothèque, etc. Tout cela leur viendra de votre générosité, qui nous est si bien connue! Tant d'autres œuvres dans notre diocèse ont commencé sans d'autres ressources que celles qui leur étaient réservées par la Providence, et sont aujourd'hui en voie de prospérité!

Une des plus belles œuvres que vous puissiez créer, nos Chers Collaborateurs, et la chose est possible dans plusieurs paroisses, c'est une fondation qui assure une mission à votre troupeau, tous les huit ou dix ans. Il en existe déjà de ce genre, et on peut réussir à en augmenter le nombre. Jamais on ne dira assez de quel prix est aux yeux de Dieu une telle œuvre, de quel mérite elle est pour le fondateur.

La sainte Vierge a apparu à la Salette pour l'univers entier : qui en peut douter? Mais elle a apparu aussi spécialement pour le diocèse de Grenoble, qui va en retirer deux avantages inappréciables : un nouveau sanctuaire à Marie, un corps de Missionnaires Diocésains. Ces deux œuvres ne sont devenues possibles que par l'apparition, et pour toujours elles perpétueront le souvenir de l'apparition.

A ces causes, le saint nom de Dieu invoqué,

nous avons arrêté les dispositions suivantes :

Art. 1er. La bénédiction solennelle, et la pose de la première pierre, par Mgr l'évêque de Valence, assisté d'une députation de notre chapitre et d'un nombreux clergé, auront lieu le mardi 25 mai.

Art. 2. Il y aura sermon, Vêpres, et bénédiction du Saint-Sacrement, à l'heure la plus convenable, c'est-à-dire vers midi.

Art. 3. Une quête sera faite parmi les pèlerins, ce jour-là, par quelques prêtres choisis à cet effet.

Art. 4. Le dimanche qui suivra la lecture de notre Mandement, une quête en faveur du Sanctuaire et des Missionnaires sera faite dans les églises et chapelles du diocèse. Cette quête pourra avoir lieu même à domicile, là où les pasteurs le jugeront convenable. Cependant les dons qui nous arrivent des diocèses étrangers au nôtre restent toujours et exclusivement affectés à la fondation du pèlerinage.

Art. 5. Les dons en vases sacrés, ornements et linge d'église, etc., seront, ainsi que ceux en argent qui seraient faits de la main à la main, consignés dans un registre, et les noms des bienfaiteurs seront ensuite reportés sur le registre général, qui est déjà déposé dans les archives de l'évêché, et dont un double sera placé dans les archives du Sanctuaire de la Salette. Des prières à perpétuité seront faites pour les bienfaiteurs tant du Sanctuaire que des prêtres destinés à le desservir.

Nous saisissons avec bonheur cette occasion d'offrir nos actions de grâces les plus solennelles à nos vénérables collègues, ainsi qu'aux prêtres zélés et aux pieux fidèles de tout pays qui nous ont déjà envoyé ou ont promis de nous envoyer de généreuses offrandes. Ces dons inspirés par la foi, joints à des prières ferventes, sont, nous n'en doutons pas, ce qu'il y a de plus propre à honorer l'auguste Reine du ciel, et à désarmer *le bras de son Fils*, justement irrité par la multitude et l'énormité de nos péchés. Chaque jour nous élevons nos mains suppliantes vers le ciel, pour en faire descendre les bénédictions les plus abondantes sur tous et chacun des bienfaiteurs, présents et à venir, connus et inconnus.

Et sera notre présent Mandement lu et publié dans toutes les églises et chapelles de notre diocèse, à la messe paroissiale ou de communauté, le dimanche qui en suivra immédiatement la réception.

Donné à Grenoble, sous notre seing, le sceau de nos armes, et le contre-seing de notre secrétaire, le 1er mai 1852.

†PHILIBERT, *Évêque de Grenoble.*

CÉRÉMONIE DE LA POSE DE LA PREMIÈRE PIERRE DU SANCTUAIRE DE NOTRE-DAME DE LA SALETTE.

Ainsi que Mgr l'evêque de Grenoble l'avait annoncé par la lettre pastorale qu'on vient de lire, la cérémonie de la bénédiction et de la pose de la première pierre du nouveau sanctuaire de Notre-Dame de la Salette a eu lieu le 25 mai 1852, au milieu d'un concours immense de fidèles, tant de la France que de l'étranger.

Voici l'intéressant récit qu'un témoin oculaire, le docteur Joffre, de Grenoble, a fait de cette fête religieuse, dont le souvenir ne s'effacera jamais de la mémoire des bons habitants des Alpes et des pays d'alentour :

Une grande solennité religieuse a eu lieu, le mardi 25 mai, sur la célèbre montagne de la Salette. Elle avait pour objet la bénédiction et la pose de la première pierre du nouveau sanctuaire que la piété des fidèles va élever en l'honneur de Marie, qui a été si justement proclamée le secours des chrétiens, le salut des infirmes et la consolatrice des affligés.

Dès la veille, une foule immense de pèlerins de tous les âges et de tous les pays étaient arrivés sur cette terre bénie. Ils étaient venus préluder à la fête du lendemain par des prières en commun et en plein air, ou par des chants religieux qui ont duré toute la nuit.

A une heure du matin, des paroisses entières arrivaient aussi de toutes parts en procession, faisant également entendre des cantiques d'allégresse que les échos d'alentour répétaient avec une harmonie qui allait au cœur et jetait l'âme dans le ravissement. Rien n'était plus solennel, en effet ; rien n'était plus sublime, plus suave, plus propre surtout à exciter le sentiment religieux, que ces concerts de chants joyeux qui partaient du fond des précipices, les anfractuosités ou des sommets des montagnes, et qui venaient ensuite, au milieu de l'obscurité de la nuit, se croiser de la manière la plus émouvante avec ceux de la montagne sainte.

Des messes ont commencé à minuit précis et se sont succédé jusqu'au matin. Un nombre considérable de prêtres étrangers qu'animait un saint zèle, s'étaient réunis aux nouveaux missionnaires de la Salette pour exercer envers les pèlerins le ministère sacré de la réconciliation. A l'aube du jour, plus de trois mille de ces pieux pèlerins avaient déjà reçu de leurs mains l'auguste sacrement des autels.

Qu'on vienne nous dire ensuite que le grand événement de la Salette a déjà fait son temps, qu'il a déjà perdu de son prestige et de sa puissance, que le nombre des croyants va toujours en diminuant, que le prodige de l'apparition n'a aucune consistance ! Des faits semblables à celui que nous venons de signaler ne répondent-ils pas d'eux-mêmes à de pareilles assertions ? N'y a-t-il pas une nouvelle merveille dans ce nombreux concours de quinze mille pèlerins accourus de tous les points de la France et de l'étranger, pour prendre part à cette grande fête religieuse, dont la magnificence a dû réjouir le ciel et faire tressaillir la terre d'allégresse.

Quoi qu'on en dise, quoi qu'on puisse faire, ne craignons pas de le proclamer, et de le proclamer bien haut, on ne parviendra jamais, nous ne dirons pas seulement à détruire, mais encore à amoindrir un événement qui est évidemment l'œuvre de Dieu.

C'en est donc fait, l'événement de l'apparition de la reine des cieux sur la montagne privilégiée est un fait irrévocablement établi ; rien au monde ne saurait l'empêcher de suivre son cours naturel. Déjà, et pour toujours, il a pris le rang qui lui appartient dans les annales de la catholicité.

C'est le **24**, à huit heures du matin, que Monseigneur l'évêque de Grenoble partit en poste pour aller, le lendemain, présider en personne la grande cérémonie. Il arriva vers les quatre heures du soir à Corps, et, après quelques instants de repos, il monta à cheval et alla coucher au village de la Salette.

Le lendemain matin, à six heures moins un quart, il monta de nouveau à cheval et fit l'ascension de la célèbre montagne avec une intrépidité et un sang-froid qui étonnèrent toutes les personnes de sa suite. Il n'y a que l'idée religieuse et le sentiment profond d'un grand devoir à remplir qui puissent ainsi redonner à la nature humaine les forces que le temps lui a déjà ravies. C'était beau, en effet, de voir le vénérable prélat, aujourd'hui le doyen des princes de l'Église de France, oublier entièrement son âge et ses souffrances [1], pour ne prendre conseil que de son zèle, de son culte fervent pour la reine du ciel, et braver ensuite les difficultés, les fatigues inévitables d'un long et rude voyage. Oui, c'était beau de le voir, malgré l'incertitude du temps et les inconvénients d'une température variable, cheminer hardiment à travers des sentiers étroits, tortueux, rapides; regardant d'un œil calme et indifférent les affreux précipices qui se présentaient sans cesse à ses côtés, et du fond desquels se faisait entendre, avec un horrible fracas, la voix mugissante des torrents.

Vers les huit heures, Monseigneur arrivait sur le sommet de la montagne, sans fatigue et surtout sans accident. Dès qu'on eut annoncé sa présence, des milliers de pèlerins se précipitèrent sur son passage et crièrent avec un enthousiasme difficile à décrire : *Vive Monseigneur l'Évêque !* Ces cris, mille fois répétés, retentirent au loin le long des montagnes. Rien n'était plus touchant que de voir cette

---

[1] Mgr de Bruillard est affecté, depuis longues années, d'une névralgie à la face, qui lui occasionne des douleurs vives et habituelles.

immense population manifester les élans de sa joie à l'arrivée du pasteur vénéré du diocèse. Le bon, l'excellent évêque ne pouvait rester insensible à tant de marques d'affection et de respect. Aussi sa figure trahissait-elle évidemment les vives et douces émotions dont son âme était remplie, et ses yeux se mouillèrent-ils de larmes d'attendrissement et de reconnaissance.

Et ensuite, quelle satisfaction et quel bonheur pour le pieux et saint prélat de se trouver pour la première fois sur sa montagne chérie, où avait eu lieu, six ans auparavant, l'un des plus mémorables événements dont la religion et le monde catholique aient à se glorifier.

Une fois remis de son émotion, Monseigneur s'empressa de célébrer la sainte messe, à laquelle assista, soit dans l'intérieur de la chapelle en planches, soit à l'extérieur, et agenouillée sur le gazon, une grande partie des pèlerins qui se trouvaient réunis sur la montagne. Une demi-heure après, on annonça l'arrivée de Mgr l'évêque de Valence, entouré d'une foule considérable de fidèles, qui l'avaient suivi dans le long et rude trajet de Corps à la Salette. Ce fut le moment de la matinée le plus intéressant, le moment où l'enthousiasme fut porté au plus haut point, le moment où il y eut sur ces régions élevées le plus de mouvement et de vie.

Nous avions eu soin de nous placer sur le point culminant de la montagne appelée le *Planeau*, afin d'être mieux à portée de jouir du spectacle grandiose et imposant des merveilles multipliées qui se manifestaient autour de nous. Que d'émotions diverses agitèrent alors notre âme ! Que de pensées graves se succédèrent dans notre esprit ! Et en même temps combien on se sentait heureux et satisfait de faire partie de cette grande famille de fidèles ! Quel admirable coup d'œil que ces innombrables pèlerins, disséminés, les uns, sur le versant et au bas de la montagne du *Gargas*; les autres, le long du ruisseau du *Sézia*, où coule la *fontaine merveilleuse*; d'autres en foule autour de la fontaine elle-même, le plus grand nombre sur le plateau de la montagne de la Salette, ne formant en quelque sorte qu'un seul groupe, et occupant une surface qui n'avait pas moins de 80 mètres de largeur sur 550 de longueur. Notre étonnement et notre admiration n'avaient plus de bornes quand, du point élevé où nous nous trouvions placé, nous apercevions dans le lointain, au fond des précipices, sur les flancs ou sur les sommets des montagnes voisines, des myriades de pèlerins, les uns reproduisant à l'œil l'effet de véritables fourmillières, les autres le spectacle inconnu pour nous de milliers de points noirs s'agitant dans les airs

Au fur et à mesure que ces longues files de pèlerins approchaient du Planeau ou montagne dite *Sous-les-Baisses*, ils se rangeaient en procession, et arrivaient, précédés d'une clochette, de leurs croix, et de leurs bannières flottant au gré des vents. Les jeunes filles étaient habillées de blanc ;

la majeure partie des hommes était revêtue de robes de Pénitent.

Le pasteur de chaque procession entonnait ensuite une hymne ou les litanies de Celle que toutes les générations ont appelée *bienheureuse*; et, aussitôt après, des centaines de voix se faisaient entendre simultanément dans les airs.

Nous n'avons eu garde de quitter la place que nous occupions, et où nos impressions avaient été si vives et si variées, sans contempler avec ravissement les hautes montagnes qui forment un immense bassin autour de la montagne sainte qu'elles semblent avoir mission de protéger. Qu'on se les représente avec leurs masses aux proportions colossales, leurs gla iers éternels et leurs sommets s'élevant dans les nues! Qu'on se les représente surtout avec leurs riches paysages, au milieu d'une nature qui annonce d'innombrables déchirements, de terribles cataclysmes ; avec leurs perspectives fantastiques, leurs sites grandioses, sauvages ou effrayants, mais toujours sublimes d'horreur ou de beauté : oui, qu'on se les représente telles que nous les avons vues, telles que nous venons de les décrire, et nous pourrons ajouter avec un auteur moderne qu'il n'y a point de poésie assez belle, point de secret dans le prestige et dans l'harmonie de la parole, pour dire combien ces œuvres majestueuses de Dieu, rassemblées par sa main créatrice et bienfaisante, sont propres à élever l'âme, à agrandir la pensée, et à faire éclater les saintes inspirations de l'enthousiasme!

Non, jamais la Suisse si renommée, la Suisse si fréquemment visitée, n'offrit à l'admiration du voyageur et du pèlerin un ensemble plus complet, un panorama à la fois plus magique, plus sévère, et plus gigantesque, des grandeurs et des merveilles de la nature.

Le principal ornement de cet immense panorama est formé par la montagne de l'*Obiou*, l'un des géants de la chaîne des Alpes, qui se présente à la Salette d'une manière si admirable et si imposante. C'est cette montagne, dit-on, que les marins de la Méditerranée prennent pour guide quand ils veulent aborder au port de Marseille.

Qu'à leur départ pour un long voyage, qu'à leur retour d'un pays lointain, ou bien qu'à la suite de dangers courus au milieu d'une mer orageuse, ces intrépides marins continuent à tourner leurs regards vers cette montagne élevée, qui est pour eux un phare sûr et fidèle; et s'ils se rappellent alors que derrière elle se trouve abritée la montagne sainte, nul doute qu'ils n'unissent désormais le nom de Notre-Dame de la Salette à celui de Notre-Dame de la Garde.

A neuf heures, la cérémonie de la pose de la première pierre devait commencer; mais le temps, tout à coup devenu mauvais, amena une pluie fine et pénétrante qui attrista tous les cœurs et interrompit toutes les combinaisons du moment. Cependant, à dix heures, une procession formée par un nombreux clergé, et suivie des deux vénérables prélats, se mit en marche pour se rendre à l'endroit où doit être érigé le nouveau sanctuaire. Un autel en planche, d'une grande simplicité, y avait été dressé; six branches d'arbres verts et quelques guirlandes de diverses nuances en faisaient tout l'ornement. A l'entrée de la vaste enceinte qu'on avait eu soin de construire autour de l'autel, les deux évêques furent complimentés de la manière la plus délicate et la plus touchante par le digne et respectable supérieur des missionnaires de la Salette. La cérémonie commença immédiatement après et se prolongea jusqu'à midi.

Elle fut grave et imposante. C'est un des gros piliers du sanctuaire qui en était l'objet. Tout inspirait le recueillement et l'admiration; mais le moment le plus solennel fut celui où les deux prélats, tenant en leurs mains une truelle d'argent aux armes de Mgr l'évêque de Grenoble, prirent successivement le ciment préparé dans une auge de marbre noir de la montagne de la Salette, l'étendirent sur la pierre qui servait de base à la pierre bénite, et posèrent sur cette dernière leurs mains épiscopales. Une médaille commémorative de cette cérémonie, et frappée tout exprès par les soins de MM. les entrepreneurs du sanctuaire, fut déposée sous cette même pierre.

Malgré la pluie qui ne cessa de tomber, la foule resta immobile, attentive et recueillie, jusqu'à la fin de la cérémonie, qui fut suivie d'une chaleureuse allocution, prononcée par M. l'abbé Sibillat, l'un des nouveaux missionnaires, et se termina par la messe de Mgr l'évêque de Valence et la bénédiction du Saint-Sacrement, à l'autel en plein air dont nous avons déjà parlé.

Le départ des deux évêques eu lieu vers midi et demi. A cette heure, tout étant fini sur la montagne sainte, les pèlerins quittèrent aussi, mais non sans regret, ces lieux de bénédiction et de prière. Ce fut alors que les processions recommencèrent, que chaque paroisse arbora de nouveau sa bannière, que chacun se dirigea vers son gîte du soir. En se retirant, comme en arrivant, les pèlerins chantaient les gloires de Marie et les faveurs de Notre-Dame de la Salette.

Mais, au milieu de cette pieuse multitude, ce qui attira tous les regards, ce fut notre vénéré pontife, qui avait tout bravé pour donner à la Mère de Dieu une preuve manifeste de sa foi et de sa piété.

Monseigneur ne pouvait revenir à cheval au village de la Salette et au bourg de Corps sans s'exposer aux plus grands dangers On lui fit observer que les chemins étaient fort escarpés, presque à pic, et que la pluie les avait rendus extrêmement glissants. Des hommes de la Salette, aux épaules robustes et au pas sûr, se chargèrent alors avec empressement de porter tour à tour leur évêque dans une litière improvisée. Les pèlerins épars qui avaient devancé le pontife dans les étroits sentiers qui mènent au bourg, furent encore frappés d'un nouveau et touchant spectacle. Une clochette semblait demander passage, des chants religieux retentissaient de toutes parts ; alors ils se retournèrent et virent circuler sur les flancs de la montagne leur premier pasteur porté sous une espèce de tente qui le garantissait de l'intempérie de l'air, et à la tête d'une immense procession, dont les pieux accents se confondaient avec le son des cloches d'alentour. Tout, en lui, rappelait en ce moment le vertueux Fénelon. A cet aspect, qui n'eût pas été attendri !...

Le saint évêque, qui, le jour de son départ pour la Salette, avait été accueilli sur toute sa route aux cris mille fois répétés de : *Vive Monseigneur !* vit de nouveau les populations s'agenouiller sous sa main vénérée, qui n'a jamais su prodiguer que des bienfaits et des bénédictions.

Disons-le encore en finissant :

La grande solennité de la Salette s'est terminée au milieu de la joie et du bonheur de tous. Chacun, à son départ, se sentait doublement satisfait, en pensant que, d'un côté, il venait de faire une bonne action, et que, de l'autre, Marie, qui console les affligés et sert de refuge aux pécheurs, aurait désormais un sanctuaire digne d'elle sur la montagne privilégiée où elle reposa ses pieds sacrés.

La fondation du nouveau pèlerinage de Notre-Dame de la Salette, selon le dernier mandement de Mgr l'évêque de Grenoble, sera pour « le peuple chrétien, dans la suite des temps, la *forteresse de Sion*, une *ville de refuge*, un asile contre les coups de la justice du Ciel, si souvent provoquée par les crimes de la terre. »

Le docteur JOFFRE, médecin à Grenoble.

NOTA. Le sanctuaire actuellement en construction aura, pour le chœur seulement, environ 250 mètres carrés, et contiendra, quand il sera achevé, environ 5,000 personnes. Deux bâtiments, parfaitement réguliers, seront contigus au sanctuaire, l'un pour la demeure des missionnaires, l'autre pour recevoir les pèlerins.

La commission de l'œuvre de la Salette ose espérer que les fonds, qui n'ont pas manqué jusqu'ici, arriveront avec plus d'abondance encore au vénérable évêque de Grenoble.

PLAN DU SANCTUAIRE A ÉLEVER A MARIE, SUR LA MONTAGNE DE LA SALETTE.

Le monument que la piété et la reconnaissance vont élever à la sainte Vierge au lieu même de sa miséricordieuse apparition sur la montagne de la Salette, sera une église à trois nefs de grandes dimensions.

Une tour fort élevée, de forme hexagone, au haut de laquelle brillera une magnifique statue de Notre-Dame de la Salette, surmontera l'édifice sacré.

7

De chaque côté du transept se trouvera un vaste bâtiment ayant trois étages ; celui du Sud servira d'hospice aux pèlerins, celui du Nord sera affecté à loger les missionnaires qui desserviront à l'avenir le pèlerinage et la paroisse de la Salette [1].

[1] Délégué de Mgr l'évêque de Grenoble, ainsi que M. Brument-Jeulin, de Rouen, pour recueillir, en Normandie, les offrandes destinées à l'érection du nouveau sanctuaire de Notre-Dame de la Salette, je m'empresserai de faire parvenir au secrétariat de l'évêché de Grenoble les aumônes qui m'auront été remises à cette intention.

NOUVEAUX MIRACLES OBTENUS

PAR L'INVOCATION DE NOTRE-DAME DE LA SALETTE.

M. l'abbé Rousselot a fait connaître, dans les deux ouvrages qu'il a publiés sur la Salette, un grand nombre de bienfaits signalés et prodigieux obtenus par l'intercession de la Vierge des Alpes.

Un missionnaire du diocèse d'Arras, M. l'abbé Limoisin, vient de faire imprimer, avec l'approbation de Mgr l'évêque de Grenoble, un opuscule dans lequel il cite plusieurs nouvelles guérisons obtenues à Lille, à Cambrai, à Calais, à Saint-Omer, et en d'autres localités du nord de la France, également par l'invocation de Notre-Dame de la Salette. Un de ces prodiges de la puissance et de la bonté de la sainte Vierge a eu lieu à Lille, le 24 juin de la présente année 1852, en faveur d'une religieuse de la communauté du Sacré-Cœur, devenue impotente, depuis douze ans, par suite d'une paralysie d'une jambe, qui faisait qu'elle ne pouvait marcher que très péniblement et à l'aide de deux béquilles. Cette sœur a été guérie le neuvième jour d'une neuvaine que sa communauté et elle avaient commencée en l'honneur de Notre-Dame de la Salette, et après avoir fait usage de l'eau de la fontaine miraculeuse.

Le 20 juillet 1852, je reçus de M. l'abbé Auvergne, secrétaire de l'évêché de Grenoble, une lettre dans laquelle je lus ce qui suit :

« Le 1ᵉʳ juillet de la présente année, deux guérisons extraordinaires ont eu lieu sur la montagne de la Salette, en présence d'un grand nombre de pèlerins et d'ouvriers : la première, en faveur de Mlle Marie Lauzur, élève de la Visitation de Valence, aveugle depuis trois mois, par suite d'une goutte sereine. Conduite par une sœur tourière de la maison, cette jeune personne a recouvré la vue subitement sur la sainte montagne, après la communion qui lui avait été donnée avant la messe.

Quelques instants après, une pauvre femme s'est écriée dans la chapelle : *Moi aussi, je suis guérie!.* . Elle avait eu l'épaule démise, il y a dix-huit ans ; son bras, mal arrangé, ne pouvait plus faire aucun mouvement depuis six ans, et elle en a repris subitement l'usage. On informe sur ces deux faits. »

Les mêmes guérisons miraculeuses étaient rapportées, ainsi qu'il suit, dans le numéro du 25 juillet 1852, du journal *Les Villes et Campagnes :*

« M. le supérieur des missionnaires de Notre-Dame de la Salette vient d'écrire à M. Similien, à Angers, une lettre pleine de détails intéressants, dont *l'Union de l'Ouest* publie les passages suivants :

« Nous avons eu deux nouveaux miracles des plus frappants, le 1ᵉʳ juillet, ici, sur la sainte montagne : c'est la guérison complète d'une jeune fille aveugle et d'une femme paralytique. Ces guérisons ont été accompagnées de circonstances admirables dont j'espère sous peu vous envoyer les détails. Mgr l'évêque de Grenoble vient de m'informer qu'il a reçu la nouvelle de deux autres miracles des plus surprenants : l'un a eu lieu à Bruges, en Belgique ; l'autre à Bordeaux. Tous les deux sont dus à l'invocation de Notre-Dame de la Salette. »

Comme ce récit coïncidait parfaitement avec ce que M. le secrétaire de l'évêché de Grenoble m'avait fait connaître touchant les deux premières de ces guérisons, j'écrivis à M. le supérieur des Missionnaires de la Salette, pour le prier de me donner quelques détails sur ce qui s'était passé. Je reçus de lui une réponse, dans laquelle se trouvent les lignes suivantes :

« Nous avons envoyé à l'évêché de Grenoble toutes les pièces relatives aux miracles dont vous me parlez ; l'enquête canonique a été faite et a répondu complètement à notre attente. M. l'abbé Rousselot va publier un troisième volume où tous ces prodiges, et beaucoup d'autres, paraîtront avec les pièces authentiques. Ce nouvel ouvrage offrira des détails très intéressants, sur un grand nombre de miracles, dont plusieurs fort récents. (Nous en avons eu sept dans le seul mois de juillet.) »

Comme j'étais désireux d'insérer dans cet écrit tout ce qui concerne la guérison de Mlle Lauzur, je m'adressai à Mme la supérieure de la Visitation de Valence, pour lui demander les principales circonstances de ce nouveau bienfait obtenu par l'intercession de Notre-Dame de la Salette. Voici la lettre que cette respectable religieuse eut la bonté de m'adresser, à la date du 8 août 1852 :

LETTRE

DE MADAME LA SUPÉRIEURE DE LA COMMUNAUTÉ DE LA VISITATION A VALENCE (Drôme).

V✝J. De notre monastère de Valence, le 8 août 1852.

Monsieur l'aumônier,

Je me rends avec le plus grand empressement à la demande que vous nous avez adressée; car ce n'est pas seulement pour nous un devoir, mais bien aussi une véritable jouissance, de publier la puissance et la gloire de Marie. La faveur qu'elle vient de nous accorder est immense : aussi, Monsieur l'aumônier, nous ne pourrons jamais assez bénir et exalter sa bonté à notre égard.

Voici quelques détails sur ce qui s'est passé; c'est, en abrégé, ce qui a été inséré dans les attestations envoyées à l'évêché de Grenoble.

Mlle Marie Lauzur, de Saint-Ciré (Lot), est arrivée dans notre maison au mois de décembre dernier; sa vue myope avait à cette époque besoin de ménagements; à l'aide de lunettes et de précautions, elle put cependant suivre le cours d'études de notre pensionnat. L'hiver se passa ainsi, lorsque le 17 avril, entre une et deux heures, cette chère enfant sentit que ses deux yeux se couvraient d'un brouillard ; bientôt après, elle perdit l'œil droit ; le lendemain, elle était complètement aveugle. Les remèdes les plus violents, les plus énergiques, furent employés de suite, mais sans aucun succès ; car l'amaurose de Mlle Lauzur était si complète, qu'elle passait le doigt sur la pupille et la prunelle de l'œil sans le sentir. Elle ne distinguait absolument aucun objet, pas même une bougie allumée devant elle, épreuve qu'on lui fit subir pour s'assurer de sa cécité. Vœux, prières, neuvaines, tout fut employé pour toucher le cœur de notre divin Maître ; mais ce miracle était réservé à Marie ; en elle aussi notre chère enfant avait mis sa grande confiance. Un désir pressant l'attirait à Notre-Dame de la Salette : il fut résolu qu'elle s'y rendrait à pied, autant que ses forces pourraient le lui permettre. Mlle Lauzur partit donc de Valence, accompagnée de notre chère sœur Marie-Justine Charciron, le samedi **26** juin.

Après toutes les peines et les fatigues de ce pèlerinage, car notre pauvre aveugle, pour plus de sûreté, était attachée par un ruban à sa conductrice, nos chères voyageuses arrivèrent enfin sur la montagne de la Salette, le jeudi 1ᵉʳ juillet. Comme elles étaient encore à jeun, notre sœur Marie-Justine pria M. l'abbé Sibillat, missionnaire de la Salette, de vouloir bien leur donner la sainte communion avant sa messe, qui devait se dire à dix heures, afin que leur servant d'action de grâces, elles pussent se retirer après l'avoir entendue. Ce pieux ecclésiastique se rendit avec empressement à une si juste demande ; mais à peine notre chère enfant eut-elle reçu la sainte hostie qu'elle éprouva ce qu'il est comme impossible d'exprimer.... Elle était guérie ! Mais l'émotion fut si vive, que ce ne fut qu'après quelques minutes qu'elle put s'écrier : *J'y vois ! j'y vois !*.... Un des premiers objets qui frappa sa vue fut la belle statue de Marie placée vis-à-vis elle ; et, se remettant à genoux, elle resta ainsi les mains jointes, les yeux fixes et immobiles sur sa divine bienfaitrice, et cela pendant trois quarts d'heure.... Dès que ce miracle fut connu, les transports de la plus vive allégresse éclatèrent dans la chapelle. Le zélé et fervent missionnaire qui récita les litanies de la sainte Vierge, en action de grâces, en était si saisi de joie et d'admiration, qu'il fut obligé d'interrompre plusieurs fois ses prières.

On garda notre enfant privilégiée jusqu'au 4 ; les ouvriers s'empressaient de lui demander sa signature, et ce ne fut que le 12 juillet que nous eûmes ici la consolation de nous assurer par nous-mêmes de tout ce qu'on nous avait écrit de consolant à ce sujet, soit de la Salette, soit de Greno-ble, où l'on a envoyé les procès-verbaux et autres attestations concernant tout ce qui s'est passé. Ici, chaque jour, notre enfant privilégiée est visitée par des personnes de toute condition qui aiment à s'assurer par elles-mêmes de la vérité de ce que l'on *dit* de la guérison de Mlle Lauzur, et qui se *plaisent* à entendre le récit simple et plein de candeur de notre chère enfant, si heureuse de trouver l'occasion de publier la bonté et la puissance de Marie. Depuis son retour, Mlle Lauzur lit, écrit sans se fatiguer et sans se servir de lunettes; et, ce qui est plus particulier encore, c'est qu'elle jouit maintenant de l'usage de ses deux yeux, l'un desquels avait été endommagé dans son enfance par un accident imprévu.

« Quant à nous, Monsieur l'aumônier, émues au delà de toute expression à la nouvelle d'un si grand prodige, nous tombâmes toutes à genoux, en bénissant, avec les transports de la plus vive gratitude, notre auguste et divine Mère, qui nous accordait une faveur aussi signalée. Nous nous rendîmes de suite à notre chapelle du Saint-Cœur-de-Marie avec toutes nos pensionnaires, pour y chanter le *Te Deum*; et vous aussi, Monsieur l'aumônier, aidez-nous à bénir et à exalter mille fois là bonté et la puissance de Marie; demandez pour nous à notre divine Mère que son regard d'amour repose sans cesse sur toute notre grande famille, avec la même tendresse, la même sollicitude : les nobles sentiments qui vous animent nous donnent la juste confiance que notre demande sera bien accueillie; permettez-nous d'y compter, et veuillez agréer en retour l'hommage du profond respect et des sentiments distingués avec lesquels j'ai l'honneur d'être,

Sœur Marie-Angèle SERVIÈRE,
Supérieure de la Visitation de Sainte-Marie.

D. S. B.

—

LETTRE DE Mlle MARIE LAUZUR,

*Incluse dans celle de Madame la Supérieure
de la Visitation de Valence.*

Valence, le 8 août 1852.

Gloire à Marie !

Monsieur,

Je suis heureuse de trouver encore une occasion de publier la bonté et la miséricorde de la très sainte Vierge. Le 1er juillet, étant sur la montagne de la Salette, j'ai recouvré subitement la vue, avec une inexplicable joie intérieure, et, depuis cette époque, mes yeux vont parfaitement bien : je n'y éprouve aucune douleur.

Si je ne craignais, Monsieur, d'être trop indiscrète, je vous prierais de me recommander à Dieu dans vos ferveurs.

Veuillez agréer l'hommage des sentiments de très haute considération et d'estime avec lesquels j'ai l'honneur d'être,

Monsieur,

Votre très humble servante,

Marie LAUZUR,

Enfant de Notre-Dame de la Salette.

Voici un extrait d'une lettre que M. l'abbé Sibillat, missionnaire de la Salette, écrivit à Mme la
supérieure de la Visitation de Valence, peu de jours
après la guérison miraculeuse de Mme Lauzur :

Madame,

Livrez-vous à toute la joie de votre cœur mater-
nel ; faites éclater des sentiments de reconnaissance envers Notre-Dame de la Salette : votre
chère enfant, Mlle Lauzur, a complétement recouvré la vue, le 1er juillet, dans notre modeste cha
pelle de la Salette. Après avoir fait la saintecom-
munion, elle s'est écriée : *J'y vois ! j'y vois !...*
O ma bonne mère ! je vous vois !... O Marie !...

Je vous remercie, Madame, de nous avoir envoyé un ange sur notre montagne, etc.

SIBILLAT,

Missionnaire de Notre-Dame de la Salette.

———

GUÉRISON EXTRAORDINAIRE DE M. SEPTIME DE GOYS,

Perclus des deux jambes par suite d'une paralysie.

M. et Mme de Goys, qui habitent une ville du
département de la Haute-Loire, ont un fils, âgé de
de dix ans, lequel était atteint, depuis six mois,
d'une paralysie aux jambes, qui l'empêchait de marcher autrement qu'à genoux et avec des béquilles.

Quand ce cher enfant était fatigué de marcher à genoux, on l'élevait sur de hautes béquilles avec une jambe de bois appliquée sous son genou, l'autre jambe traînant sur la poussière. C'était à exciter la compassion générale : aussi n'y avait-il qu'un sentiment de commisération en sa faveur dans la ville qu'il habite. Ses parents n'avaient rien épargné pour le rendre à la santé. Les médecins les plus habiles avaient été consultés, les remèdes qui semblaient les plus efficaces avaient été employés ; mais en vain. Le mal était toujours aussi intense, et les membres paralysés se refusaient à tout usage. La guérison était regardée comme impossible, à moins que Dieu ne s'en mêlât.

M. Septime, quoique fort jeune, était d'une piété angélique, et supportait sa maladie avec une résignation admirable. Comme il savait que ce qui est impossible aux hommes ne l'est pas à celui qui est le Maître de la vie et de la mort, il mettait toute sa confiance en Dieu, et le conjurait d'avoir pitié de lui, avec l'abandon d'un enfant à l'égard du meilleur des pères.

Un jour, il se sent inspiré d'avoir recours à la sainte Vierge et de faire en son honneur le voyage de la Salette. Il parle de son dessein à ses vertueux parents, avec cet accent qui est la marque visible d'une communication divine. Ceux-ci cependant ne se pressent pas de s'y rendre : ils attendent pour s'assurer de la persévérance de leur fils dans la pensée qui le préoccupe. Pendant deux mois,

Septime renouvelle ses instances, demandant comme la plus grande grâce qu'on le conduisît sur cette montagne honorée de la présence de la très sainte Vierge. Résister plus longtemps à des vœux aussi légitimes eût été s'opposer aux volontés du Ciel : aussi M. et Mme de Goys se décidèrent-ils à faire ce que leur cher enfant demandait avec tant d'ardeur.

Le voyage de la Salette fut donc arrêté. C'était le mardi de Pâque de la présente année 1852 que fut prise cette résolution. Le lendemain, une messe fut célébrée pour demander à Dieu qu'il daignât la bénir. Pendant que la victime de notre salut s'immolait sur l'autel, voilà que Septime est guéri, qu'il marche sans appui, qu'il va et qu'il vient avec la même vitesse qu'avant de tomber malade ...

Tous ceux qui sont témoins de cette merveille sont dans un grand étonnement ! Toute la famille de Goys tombe aussitôt à genoux pour remercier Celle qui vient de montrer sa puissance d'une manière aussi efficace. C'était justice. Et puis, pour que les dons de Dieu ne restassent pas dans le secret, M. de Goys, ivre de bonheur, conduisit lui-même dans toute la ville son fils, si prodigieusement guéri. Depuis lors cette guérison s'est maintenue aussi complète que radicale, et M. Septime, sans passer par la voie de la convalescence, a recouvré entièrement l'usage de ses jambes. On comprend que M. et Mme de Goys n'ont pas manqué de faire, avec leur fils, le pèlerinage de la Salette.

Cette guérison miraculeuse est rapportée dans l'ouvrage de M. Limoisin ; le journal de la Haute-Loire l'a insérée dans ses colonnes au commencement de septembre 1852 ; et elle se trouve reproduite par *Les Villes et Campagnes*, dans le numéro du 10 du même mois, de cette feuille qui est entre les mains de presque tout le monde.

CONCLUSION.

Vous avez vu, cher lecteur, comment la Providence, qui sait, quand il lui plaît, tirer le bien du mal, a, par suite des attaques dirigées contre le fait de la Salette, amené les jeunes bergers à révéler leur secret au Souverain-Pontife. On connaît quelles ont été les heureuses suites de cette révélation.... Dieu, qui voulait aussi que le grand événement du 19 septembre 1846 acquît un nouveau degré d'authenticité, par l'approbation du vicaire de Jésus-Christ, a conduit les choses de manière à ce que le fait lui-même de *l'apparition* arrivât jusqu'à la personne sacrée du chef de l'Eglise.

Pie IX, après avoir fait examiner les preuves qui établissent la vérité de *l'apparition*, a daigné entretenir les délégués de Mgr l'évêque de Grenoble du rapport favorable que lui avait fait à ce sujet Mgr Frattini, promoteur de la foi.

Plusieurs cardinaux et autres personnages éminents dans l'Église ont émis la même opinion que Mgr Frattini à l'égard du fait de la Salette ; le cardinal Lambruschini, premier ministre de Sa Sainteté, et préfet de la Congrégation des Rites, dit à M. l'abbé Rousselot qu'il croyait tellement à *l'apparition*, qu'il l'avait prêchée dans le diocèse de Porto, dont il est évêque.

On sait que plus tard Rome a accepté et approuvé le jugement doctrinal que Mgr l'évêque de Grenoble a porté touchant le fait de la Salette, en permettant à la presse de la capitale du monde chrétien de reproduire le mandement du 19 septembre 1851. Encouragé par de tels témoignages, et désireux de remplir un devoir qu'il regardait comme sacré pour lui, Mgr l'évêque de Grenoble a donc, par son mandement du 19 septembre 1851, *déclaré certaine et indubitable l'apparition de la sainte Vierge à la Salette.*

Après un pareil jugement, porté par un évêque dans la plénitude de son *droit*, et excité en quelque sorte à en user par la cour romaine elle-même, qui oserait encore attaquer, soit directement, soit indirectement, un *fait* proclamé par une autorité si respectable, et auquel Dieu d'ailleurs rend chaque jour témoignage par les nombreux prodiges qu'il opère, par suite de l'invocation de Notre-Dame de la Salette?

L'accomplissement des prophéties faites par la sainte Vierge, le 19 septembre 1846, n'est-il pas aussi une preuve bien frappante de la vérité du fait de la Salette?

C'en est donc fait, dirai-je ici avec le pieux et savant docteur Joffre, *l'événement de l'apparition de la reine des cieux sur la montagne privilégiée est un fait irrévocablement établi. Quoi qu'on en dise, quoi qu'on puisse faire, on ne parviendra jamais, nous ne dirons pas seulement à détruire, mais encore à amoin-*

drir un événement qui est évidemment l'œuvre de Dieu…. Déjà, et pour toujours, il a pris le rang qui lui appartient dans les annales de la catholicité ; rien au monde ne saurait l'empêcher de suivre son cours naturel. Le cours naturel, ou plutôt le but principal de l'apparition de la sainte Vierge, est d'amener les hommes à se convertir et à se sauver, par l'annonce des fléaux dont ils sont menacés, s'ils persévèrent dans leur endurcissement, et des biens, même *temporels*, qui leur sont promis, s'ils se hâtent *d'apaiser la colère de Dieu par une sincère pénitence.*

Une marque aussi frappante de la miséricordieuse bonté de la sainte Vierge envers nous exigeait certainement qu'on érigeât à l'endroit même de l'apparition miraculeuse un monument qui soit un témoignage de notre profonde gratitude envers notre divine bienfaitrice, et qui perpétue le souvenir de sa tendresse pour nous jusqu'aux générations les plus reculées. C'est dans ce double but que le vénérable et saint évêque de Grenoble a résolu d'élever un sanctuaire à Marie, au lieu même où elle reposa ses pieds sacrés : *Ubi steterunt pedes ejus.*

Déjà le pieux prélat a acheté le *terrain favorisé de l'apparition céleste,* déjà il a posé la première pierre du nouveau temple ; mais, comme la construction d'un édifice digne de Celle à qui on l'élève, dans un lieu de si difficile accès, *exige des dépenses considérables,* Mgr de Grenoble *compte sur le concours généreux du clergé et des fidèles de la France et de l'étranger.* Ce concours ne lui manquera pas, nous osons l'assurer. Chacun de nous sentira ce qu'il doit à Marie, qui, à la vue des maux qui allaient fondre sur nos têtes, s'est interposée entre Dieu et nous, a prié son Fils d'arrêter son bras irrité, de retenir sa foudre prête à nous atteindre, et de contenir le torrent de ses vengeances ; puis qui est venue sur la terre nous prévenir des châtiments et des calamités dont nous étions menacés, et qui nous a conjurés d'apaiser la juste colère de Dieu par notre repentir et notre pénitence.

Nous faisons donc ici, en terminant cet ouvrage, un appel à tous les catholiques de France, en faveur de l'œuvre si éminemment française et catholique de la Salette : aucun d'eux ne voudra refuser une pierre pour le nouveau sanctuaire de la montagne privilégiée. Les dames surtout tiendront à offrir à Notre-Dame de la Salette la couronne précieuse qui doit orner le front de son image sacrée.

En retour de cet or, de cet argent, de ces trésors périssables que nous aurons sacrifiés pour la gloire de la sainte Vierge, elle nous préparera elle-même au ciel des couronnes immortelles.

Voici la guérison miraculeuse dont Mgr l'évêque de Châlons, dans sa lettre du 17 février 1852, me dit qu'il a été témoin, et qui est consigné dans mon premier ouvrage sur la Salette.

—

GUÉRISON DE SOEUR SAINT-CHARLES,
Religieuse hospitalière à Avignon.

Mme Clarisse Pierron, dite en religion sœur Saint-Charles, et demeurant à l'hospice d'Avignon, était malade, depuis huit ans, d'une phthisie pulmonaire, arrivée à un tel degré, que les médecins n'avaient plus aucun espoir de lui voir prolonger son existence. Elle était réduite, depuis quatre mois, à garder le lit, et avait la langue et la bouche tellement ulcérées, qu'elle ne pouvait presque plus rien avaler ni se faire entendre. Cette moribonde, munie des derniers sacrements, fut guérie instantanément, radicalement, parfaitement, le 16 avril 1847, à la suite d'une neuvaine en l'honneur de Notre-Dame de la Salette, et après avoir bu de l'eau de la fontaine miraculeuse. Un moment avait suffi pour faire disparaître l'ulcération de la bouche, pour faire recouvrer à la sœur ses forces, son appétit et sa voix. Le même jour, elle mangea un morceau de pain bis, se rendit à la salle de travail avec les autres religieuses, repassa du linge pendant plusieurs heures, et elle jouit, depuis lors, d'une santé plus forte que jamais.

Toute la communauté des sœurs hospitalières d'Avignon, ainsi que Mgr de Châlons, qui se trouvait là par hasard, a été témoin de ce prodige.

Cette guérison miraculeuse est constatée par MM. Gérard et Roche, médecins de l'hôpital d'Avignon, et Peyre, Sermandet, Barrèce, vicaires-généraux capitulaires de l'archevêché d'Avignon.

Mgr l'archevêque de Sens, dans la lettre qu'il m'a fait l'honneur de m'écrire, le **26** juillet **1850**, me dit : *Le nom de Notre-Dame de la Salette n'est pas inconnu dans nos contrées, et il ne tiendra pas à moi qu'il n'y soit béni et glorifié davantage.*

Le vénérable prélat a en effet porté le jugement doctrinal suivant, à l'occasion d'une guérison miraculeuse obtenue dans son diocèse par l'invocation de Notre-Dame de la Salette :

Mellon Jolly, par la miséricorde divine et la grâce du Saint-Siége apostolique, archevêque de Sens, évêque d'Auxerre, primat des Gaules et de Germanie.

Vu le rapport de la commission nommée par nous, le **24** janvier **1848**, pour procéder à une enquête juridique sur les faits relatifs à une guérison extraordinaire arrivée à Avallon, le **21** novembre **1847**, sur la personne d'Antoinette Bollenat, après une neuvaine à la très sainte Vierge ;

Vu les interrogatoires des témoins et médecins, en date des **7, 8** et **14** février **1848** ;

Vu les certificats et pièces annexés à ces interrogatoires ;

Vu le rapport présenté à nous, le **20** février **1849**, par M. l'abbé Chauveau, notre vicaire-général, chargé par nous de l'examen de cette affaire et de discuter les faits ;

Vu les conclusions du rapport ;

Après avoir pris l'avis de notre conseil ;

Le saint nom de Dieu invoqué :

Déclarons, pour la gloire de Dieu, la glorification de la très sainte Vierge et l'édification des fidèles, que la guérison d'Antoinette Bollenat, opérée le 21 novembre 1847, après une neuvaine à la très sainte Vierge, Mère de Dieu, invoquée sous le nom de Notre-Dame de la Salette, présente toutes les conditions et tous les caractères d'une guérison miraculeuse, et constitue un miracle du troisième ordre.

Donné à Sens, sous notre seing, le sceau de nos armes, et le contre-seing de notre vicaire-général, secrétaire particulier, le 4 mars de l'an de grâce 1849.

Signé : † MELLON, *Archevêque,*

Par mandement de Mgr l'Archevêque,

E. CHAUVEAU, *vicaire-général.*

On a vu que la sainte Vierge dit aux bergers des Alpes : « Si les pommes de terre se gâtent, ce n'est qu'à cause des péchés des hommes ; elles continueront à se gâter ; et le temps vient où, peu de mois après qu'on aura fait la récolte, on n'en trouvera plus de bonnes à manger. »

Cette terrible prédiction a eu son accomplissement en 1851-52, dans presque toute l'Allemagne. Dès le mois de mars de cette année, les journaux étrangers ont donné les plus affligeants détails sur la misère produite dans le grand duché de Posen, dans la Westphalie, le Tyrol, Cassel, etc., par la maladie des pommes de terre, qui est devenue générale dans ce pays. Par suite de cette calamité, le prix des grains s'est fort élevé, la famine augmente chaque jour; dans la Westphalie, les classes pauvres ont remplacé le pain de seigle par des haricots bouillis qu'elles mêlent avec des racines. Dans plusieurs provinces de la Suède, on se nourrit d'écorces d'arbre et de paille. Dieu veuille que le mal n'aille pas plus loin! Mais, hélas! déjà la disette a gagné le département de la Meurthe.

Voici un extrait du mandement que Mgr l'évêque de Nancy a publié au commencement du mois de mars 1852, pour implorer la charité des personnes riches en faveur des malheureux habitants de l'arrondissement de Sarrebourg, cruellement éprouvés par la disette :

« Vous avez déjà entendu parler de la détresse où se trouvent réduits les habitants d'une partie de la Lorraine allemande située dans l'arrondissement de Sarrebourg ; mais ce qui vous est parvenu par les voies ordinaires de la publicité n'est encore rien en comparaison de l'affreuse réalité, telle que la dépeignent les témoins oculaires. *Les pommes de terre,* leur nourriture habituelle, *ayant généralement manqué dans le pays*, ainsi que les autres légumes, les pauvres gens se trouvent sans aucun moyen d'existence. Il n'est pas rare de voir les deux tiers d'un village mendier aux environs un morceau de pain pour ranimer une vie languissante, et dont les forces épuisées ne peuvent plus soutenir le travail. Mais ceux à qui l'on demande la veille sont obligés de mendier eux-mêmes le lendemain ; en sorte que, de proche en proche, les malheureuses populations n'ont plus à mettre en commun que la faim, les larmes de leurs enfants, et les cris de détresse qu'ils poussent vers les autres contrées plus favorisées des bienfaits de la Providence. »

Un tel tableau est navrant. Mais que deviendra l'Europe entière si la maladie des pommes de terre fait de si rapides et de si affligeants progrès, et si à cela vient se joindre la redoutable disette prédite par la sainte Vierge aux bergers des Alpes ?

Nous apprenons avec douleur, au mois d'août 1852, que la maladie des pommes de terre continue à sévir de tous côtés avec une grande intensité.

Il est clair, pour tout homme qui examine sérieusement l'état actuel de la société, que si l'immense majorité des hommes continue à s'abstenir de fréquenter les temples saints, et à n'écouter que les appétits grossiers du sensualisme qui a tout envahi, la France marche à grands pas vers le plus grand des malheurs, la perte de la foi, c'est-à-dire au protestantisme.

Or le protestantisme, c'est le rationalisme ou plutôt le déisme déguisé, comme le déisme lui-même, suivant Bossuet, n'est que l'athéisme déguisé.

Mais ici j'entends tous les indifférents en matière de religion me répondre : De quel si grand malheur nous menacez-vous donc là ? Depuis trois cents ans, l'Angleterre a rejeté le catholicisme pour embrasser la réforme, et cependant sa prospérité est telle, qu'elle excite l'étonnement et l'envie de toutes les autres nations de la terre.

J'avoue que cette objection a quelque chose de spécieux ; moi-même, plus d'une fois, à la vue de la puissance britannique et de sa fortune colossale, j'ai eu besoin, pour consoler ma foi, de me rappeler ce passage de l'Evangile : *L'homme ne vit pas seulement de pain, mais avant tout de la parole de Dieu*, c'est-à-dire de la vérité. Or, si l'Angleterre possède abondamment les biens de ce monde qui procurent des jouissances aux corps, elle est malheureusement privée de cette vérité qui nourrit les âmes, et sans laquelle l'homme, tout vivant qu'il paraisse, n'est cependant en réalité qu'un cadavre.

Dire donc qu'il est indifférent qu'une nation soit protestante ou catholique, c'est dire qu'il est indifférent que le soleil éclaire la terre, ou qu'elle soit plongée dans les ténèbres de la nuit la plus obscure.

Mais outre cette considération, qui est cependant de l'ordre le plus élevé, puisqu'elle regarde le salut éternel, est-il bien vrai que l'état réel de la Grande-Bretagne soit tel qu'il puisse exciter l'envie de ceux qui l'ont étudié à fond ? Est-il vrai que presque tout le monde soit heureux dans cette prétendue terre de promission ? Je conviens qu'une faible minorité, c'est-à-dire les riches, jouit de tous les avantages matériels qu'un homme sans foi puisse désirer ici bas ; mais le peuple, lui, quelle part lui est faite au soleil du protestantisme ? Quel est son sort, et, par suite, quelle est sa dégradation morale ? Dans quel état d'abrutissement est-il tombé ? J'engage ceux qui désirent avoir une réponse catégorique à ces diverses questions à lire un ouvrage composé par le père Debreyne, religieux de la Grande-Trappe, intitulé : *Le Salut de la France*, et dont j'ai extrait les passages suivants :

« Pour se faire une idée juste du grand nombre de pauvres qui se trouvent en Angleterre, il suffit de savoir que dans la seule paroisse de Sunderland, qui contient dix-sept mille habitants, quatorze mille sont sur la liste des pauvres. A Liverpool, au sein de cette cité opulente, sur trois individus, il y a un pauvre. Il en est à peu près de même par toute la Grande-Bretagne. Maintenant, pour ce qui est de l'humanité des Anglais protestants à l'égard des malheureux, qui ne connaît l'inconcevable torture que l'on fait subir aux pauvres enfants, employés et exploités comme des animaux dans les fabriques et les usines qui couvrent l Angleterre ? Là, enfermés dans des réduits souvent humides et toujours malsains, ces petits malheureux, de 7, 8 et 9 ans, couchés la nuit au-dessus de leur métier, dans une espèce de hamac, pour ménager la place, travaillent jusqu'à douze et quinze heures par jour. Les voilà pour la vie transformés en machines dont ils deviennent partie intégrante et inséparable ; ils en sont l'âme ; mais, pour eux, ils n'ont plus d'âme, elle est passée tout entière à leurs machines.... Quand les pauvres petits tombent épuisés de fatigue et accablés de sommeil, on les excite par des coups pour les tenir éveillés ; quand enfin ils n'en peuvent plus de lassitude, et que leurs jambes faibles et atrophiées refusent de les porter, on les leur emprisonne dans des espèces de bottes en ferblanc, afin qu'ils puissent rester debout pour continuer leur travail. (Discussion de la loi sur le travail à la Chambre des Communes, 1843.)

» Pour ce qui regarde les adultes, figurez-vous, si vous le pouvez, les pauvres ouvriers au milieu de ces travaux d'usines, de fabriques et d'ateliers immenses, où l'on n'entend que le grincement du fer contre le fer, le gémissement perçant des poulies, le cri déchirant des crics, le bruit des leviers, des pistons, des cylindres, des roues, des machines de toute espèce, le choc terrible des balanciers et de ces masses énormes de fer qui font l'office de marteaux ; ajoutez à cela les brasiers ardents des fourneaux qui ne s'éteignent jamais, le sifflement

des chaudières, les spirales de la vapeur, le rou-
lement des wagons, un air embrasé, le parfum de
la houille et des émanations délétères des produits
chimiques, la cohue, le tumulte, les cris, les voci-
férations, les hurlements et les juremenls des tra-
vailleurs échauffés par de larges libations ; l'acti-
vité fiévreuse et bouillante de ces hommes à figure
hâve, sinistre, patibulaire, qui poursuivent leur
travail avec une rage frénétique, et soutiennent
jusqu'à la mort cette lutte acharnée de la chair
avec la vapeur, le fer et le feu : n'est-ce pas là un
enfer anticipé? Eh bien ! tel est le sort que la protestante Angleterre fait à ceux qui ont le malheur
de n'être pas nés fils de ducs, de marquis, de
comtes ou de baronnets.... Aussi résulte-t-il des
tables de mortalité de la Grande-Bretagne que le
soldat combattant sur la tranchée d'une ville as-
siégée, ou sur un champ de bataille, en présence
du plus brave de ses ennemis, est exposé à moins
de chances de mort que l'ouvrier des villes manu-
facturières d'Angleterre, telles que Manchester,
Liverpool, etc.... »

D'après l'exposé que nous venons de faire de
l'état de misère et d'abrutissement dans lequel
est réduit le bas peuple en Angleterre, on peut se
figurer quelle doit être la corruption de mœurs
de ces gens abrutis et privés complètement de
toute instruction religieuse. En 1844, la presse
anglaise nous révéla que dans la seule ville de
Londres on compte quarante mille femmes de

mauvaise vie. On nous a assuré que parmi ces femmes perdues figure un très grand nombre de filles de ministres protestants.

Dans un autre rapport, sur une autre ville, on lit ces étranges paroles : « Ici les classes ouvrières ont complétement abandonné les éléments mêmes de la société chrétienne. Je demandai, dit l'auteur du rapport, à quelques enfants quels étaient leurs noms, ils hésitaient à me répondre.... Le fait est, observa le surintendant de la police, qu'ils n'ont réellement pas de noms. Dans cette rangée de maisons, je vous trouverais *un millier d'enfants sans noms*, ou qui n'ont jamais eu que des noms d'après leurs qualités particulières. » (*De l'Action de la Noblesse et des Classes supérieures dans les Sociétés modernes*, par MM. Monnier et Rubichon.)

Que dire encore d'une classe d'hommes chez lesquels le concubinage est la base commune de la famille? Un témoin, M. Elwint, parle ainsi d'un certain quartier de Bath :

« Un des caractères principaux de cette masse d'infamies physiques et morales est le nombre énorme des enfants illégitimes.... On y regarde le mariage comme une cérémonie superflue, qui ne vaut pas la petite somme nécessaire pour le contracter. La conscience y est étouffée, et la vertu y est traitée avec le mépris dont on accable ailleurs le vice.... »

Comme le culte de la sainte Vierge, qui élève et glorifie la femme, est entièrement méconnu en

Angleterre, la femme protestante, dans la Grande-Bretagne, est avilie, même souvent dans les hautes classes de la société, où elle n'est que la première servante de la maison. On sait aussi qu'en Angleterre on trafique quelquefois des femmes et des enfants, comme si ce n'étaient que de vils animaux qu'on peut exploiter à son profit....

Je ne dirai rien ici des autres crimes qui se commettent en plus grand nombre en Angleterre que dans aucun des pays catholiques ; je ferai seulement observer qu'il est statistiquement prouvé que la folie et le suicide sont incomparablement plus fréquents chez les protestants que chez les catholiques. C'est tout simple, un homme malheureux qui n'a pas la foi pour le soutenir dans la tribulation doit nécessairement devenir fou ou attenter à sa vie ; aussi, depuis que l'Angleterre a eu le malheur d'embrasser l'hérésie de Luther, est-elle devenue la terre classique de la folie et du suicide....

Avis à tous les Français admirateurs passionnés de la prospérité apparente de la Grande-Bretagne, et qui, dans leur coupable indifférence en matière de foi, font si peu de cas d'une religion qui peut seule cependant civiliser l'homme, le rendre vertueux, le soutenir au milieu des nombreuses épreuves inséparables de sa condition, et lui procurer après cette vie un bonheur éternel.

J'ai déjà dit que lorsque des attaques furent dirigées contre le fait de la Salette, sur la fin de

1850 et au commencement de 1851, j'écrivis à Mme la supérieure de la Providence de Corens, pour la prier d'engager Mélanie à m'envoyer une protestation contre tout ce que la presse impie débitait avec tant d'audace contre la miraculeuse apparition de la sainte Vierge à la Salette. Voici la réponse que Mme la supérieure eut la bonté de me faire, et une lettre de Mélanie, par laquelle elle déclare *qu'elle persiste dans tout ce qu'elle a dit touchant le fait de la Salette, et qu'elle ne se dédira jamais, pas même sur l'échafaud.*

Lettre de Mme la Supérieure de la Providence de Corens, près Grenoble.

Corens, 15 juin 1851.

Monsieur,

Je m'empresse de vous envoyer ci-joint la déclaration que vous me demandez par votre honorable lettre en date du 6 du courant. C'est la jeune Mélanie Mathieu qui l'a faite, écrite et signée. Elle est si convaincue de la vérité de l'apparition de la très sainte Vierge sur la montagne de la Salette, qu'elle serait heureuse d'en rendre témoignage à la face du monde entier. Du reste, depuis cinq ans, elle n'a jamais varié un seul instant à cet égard.

C'est depuis le mois de novembre dernier, Mon·
sieur, que la jeune Mélanie est entrée au noviciat
de notre communauté ; elle s'y est montrée jusqu'à
ce jour constamment sage et vertueuse, et témoi-
gne un grand désir d'être religieuse. Elle garde
toujours son secret avec la plus inviolable fidélité,
et l'on ne peut lui en rien arracher, ni par promesses ni par menaces.

Il y a peu de jours que M. l'abbé Rousselot fut
chargé par Mgr l'évêque de Grenoble de demander à cette jeune personne si elle consentirait à révéler son secret à notre Saint-Père le Pape. Mélanie répondit à M. Rousselot : *Que le Pape étant le
chef de l'Église et le représentant de Notre Seigneur,
elle lui dirait son secret de vive voix ou par écrit....*

Elle reste convaincue d'ailleurs que la sainte
Vierge triomphera de toutes les contradictions
qu'on oppose en ce moment au fait si consolant
de la Salette.

Veuillez agréer l'assurance du respect avec lequel je suis,

Monsieur,

Votre très humble et très obéissante
servante,

Sr M.-J. — AUGUSTIN, supre.

LETTRE DE MÉLANIE MATHIEU,
Bergère de la Salette.

Monsieur,

N'ayez point de regret de votre voyage à Notre-Dame de la Salette ; soyez convaincu que l'apparition est bien vraie. Jusqu'ici, je ne me suis jamais dédie, et je ne me dédirai jamais, pas même sur l'échafaud ; car, si je disais le contraire, je mentirais. Je soutiendrai toujours la vérité.

Il y a quelques jours, j'ai vu Maximin, et je lui ai parlé des attaques contre la Salette ; voici ce qu'il m'a répondu : *Laisse-les faire ; s'ils ne veulent pas se convertir, le bon Dieu saura bien finir ce qu'il a commencé.*

Mélanie MATHIEU,
Bergère de la Salette.

Corens, le 15 juin 1851.

DÉTAILS CONCERNANT LA JEUNE MÉLANIE MATHIEU.

Voici quelques détails fournis par Mme la supérieure de la Providence de Corens, touchant la jeune Mélanie Mathieu, autrefois bergère de la Salette :

« Mélanie, sans s'en douter, est dans une sorte d'oraison de dévoûment éminente et continuelle, qui se trahit chaque nuit dans son sommeil. C'est un cœur qui a été blessé, au moment de l'apparition, d'un dard embrasé qui y est resté ; et ce fait, à considérer le caractère grossier de cette jeune fille, est à lui seul une preuve de premier ordre, qui ne cesse de grandir. »

Mélanie Mathieu, comme on l'a vu plus haut dans la lettre de Mme la supérieure de la Providence de Corens, était entrée au noviciat de cette communauté au mois de novembre 1850 ; elle a fait sa profession religieuse le 9 octobre 1851.

Voici une lettre qu'elle m'a écrite le 17 avril 1852, et dans laquelle elle me parle du bonheur qu'elle a éprouvé le jour où elle s'est consacrée au service du Seigneur. Le lecteur remarquera le sens droit, le sentiment profond de piété de la jeune orpheline :

Monsieur,

J'ai eu le bonheur de prendre l'habit religieux le 9 octobre 1851, jour mémorable pour moi... Le bonheur que j'ai éprouvé est inexprimable ;... je ne ferais que gâter ce que je sentais alors, si je me mêlais de vouloir vous dire tous mes sentiments : je vous dirai seulement que *j'étais bien*, et bien contente de quitter le monde pour m'attacher uniquement au service du divin Jésus, et de la bonne Marie, notre Mère à tous.

Oh ! que je suis heureuse d'être ici dans cette sainte maison ; il me semble que mon bonheur augmente tous les jours : je serai éternellement reconnaissante envers le bon Dieu de m'avoir tirée du bourbier du monde trompeur.

Ayons une bien grande confiance en *Notre-Dame de la Salette : elle s'est montrée et se montre toujours bien bonne pour nous.*

Si tout le monde savait combien la sainte Vierge est bonne, personne ne voudrait la contrister, ni elle, ni son divin Fils, notre bon Sauveur. Oh ! aimons bien Notre-Seigneur Jésus-Christ, qui est si bon pour nous....

Oh ! aimons, aimons Celui qui nous aime, et qui nous a aimés jusqu'à mourir pour nous sauver !.... Oh ! quand est-ce que nous comprendrons le grand mystère ?....

Ayez la bonté, Monsieur, *de bien prier, et de faire prier pour la conversion des pauvres pécheurs.*

Priez aussi, s'il vous plaît, quelquefois pour mes supérieurs, pour mes sœurs, et pour

Votre très humble servante, qui est la plus grande pécheresse du monde,

Sœur MARIE DE LA CROIX,

Religieuse de la Providence.

Corens, 17 avril 1852.

Vive Notre-Dame de la Salette !

✝

Quelque temps avant de m'écrire la lettre qu'on vient de lire, la jeune Marie de la Croix avait adressé les lignes suivantes à un honorable habitant du département de Seine-et-Oise, qui a eu la bonté de me les faire parvenir.

« Oh ! si nous comprenions le bonheur que Dieu donne aux justes dans le ciel, nous agirions comme des anges ; nous aimerions mieux mille fois la mort que de faire un péché véniel. Que nous auront servi après la mort tous les plaisirs faux et passagers ? Attachons-nous à ce qui est durable, à Dieu et à sa tendre Mère....

Enfin vivons de manière à ce que nous puissions nous voir un jour dans notre céleste patrie, et jouir du bonheur éternel. »

Sœur MARIE DE LA CROIX,
Religieuse de la Providence.

—

MANDEMENT DE MONSEIGNEUR L'ÉVÊQUE DE LUÇON
en faveur de l'œuvre de la Salette.

Mgr l'évêque de Luçon, dans une lettre pastorale qu'il a adressée à son diocèse le 30 juin 1852, après avoir démontré comment *tous les siècles chrétiens qui ont précédé le nôtre sont remplis des gloires de l'incomparable Mère de Dieu, et ont été comblés de ses bienfaits,* fait voir *qu'à mesure que les tempêtes de ce monde augmentent, cette brillante*

Etoile de la mer scintille de feux plus vifs et plus doux; qu'à mesure que la mer devient plus orageuse, cette arche bénie de la nouvelle alliance vogue au milieu des flots agités, pour répandre plus de consolations dans le cœur de ses enfants et les conduire plus sûrement au port du salut.

Ensuite Mɛr de Luçon prouve, par des preuves irrécusables, *que notre siècle, quelque coupable qu'il soit d'ailleurs, n'a rien à envier, sous ce rapport, aux siècles qui l'ont précédé.* Il parle des prodiges étonnants de guérisons corporelles, des nombreuses conversions, et en particulier de celle de M. Ratisbonne, obtenue par le moyen de la médaille dite *miraculeuse ; de cette image vénérée de la Mère de Dieu, dont les yeux se meuvent pendant plusieurs mois* en présence d'innombrables témoins accourus des villes et des provinces pour contempler ce prodige.

Enfin le vénérable prélat arrive au fait de la Salette, et il s'exprime ainsi :

Ici, c'est sur le sommet d'une montagne élevée que Marie daigne apparaître à deux pauvres petits bergers pour leur révéler les secrets du ciel. »

Mais quels seront donc les témoins qui attesteront la vérité de la relation de ces petits pâtres des Alpes ? Pas d'autres qu'eux-mêmes, et ils sont crus. Ils déclarent ce qu'ils ont vu, ils répètent ce qu'ils ont entendu, ils taisent ce qu'ils ont reçu l'ordre de tenir secret.

Quelques paroles de cette incomparable Mère de Dieu ont transformé ces enfants en des hommes tout nouveaux. Incapables de rien concerter entre eux, de rien imaginer de semblable, chacun est le témoin de la céleste vision, à laquelle il n'est pas incrédule ; il en est l'historien. Il ne s'inquiète pas du rapport qui sera fait par son compagnon, il ne cherche pas à modifier sa narration pour être parfaitement d'accord avec lui. Quoi qu'on puisse reprocher à ces enfants sur certaines prétendues contradictions, quoi qu'on puisse leur objecter, chacun d'eux persiste à déposer ce qu'il a vu, ce qu'il a ouï. Les deux bergers si grossiers ont entendu une seule fois la leçon de leur divine maîtresse , et cette leçon s'est gravée instantanément et pour toujours dans leur esprit en caractères ineffaçables ; ils n'y ajoutent rien, ils n'en retranchent rien, ils n'y modifient rien : ils donnent l'oracle du ciel tel qu'ils l'ont reçu. Que l'impatiente curiosité de l'esprit, que les défiances du cœur, qu'un secret sentiment d'incrédulité, trouvent à redire à leur déposition : peu leur importe ! Ils n'ont pas reçu la charge d'expliquer cet événement inexplicable, ils ont reçu la mission de le répandre ; ils soutiennent qu'ils ont entendu, qu'ils ont vu, et tout le monde accueille leur témoignage. Une constance admirable leur fait garder le secret, une sagesse singulière leur fait discerner tous les pièges qu'on leur tend, une rare prudence leur suggère mille réponses dont pas une seule ne trahit le secret ; et quand il faut l'envoyer au père commun des fidèles, ils l'écrivent couramment, comme s'ils le lisaient dans un livre placé sous leurs yeux.

Leur récit attire sur cette montagne bénie des milliers de pèlerins. Ils ont publié que, le samedi 19 septembre 1846, Marie s'est manifestée à eux, et l'anniversaire de ce beau jour est à jamais cher à la piété chrétienne. Chaque pèlerin qui accourt sur la sainte montagne ne dépose-t-il pas en faveur de la véracité des bergers ? Marie s'arrête près d'une fontaine, elle lui communique une vertu céleste, une efficacité divine. D'intermittente, cette source aujourd'hui si célèbre devient continue. On raconte en tous lieux les prodiges qu'elle opère. Lorsque les maux sont désespérés, les infirmités sans remède, on recourt de tous côtés à l'eau de la Salette, et partout l'on rapporte les guérisons opérées par le remède, qui fait sentir sa puissance contre toutes sortes de maux. Notre diocèse, si dévot à Marie, n'a pas été étranger aux bontés de cette tendre Mère.

Nous allons célébrer dans quelques mois le sixième anniversaire de cette apparition miraculeuse. Elle était racontée, louée, bénie, dans le monde entier, depuis cinq ans, lorsque le vénérable évêque dont le diocèse a été honoré de ce miracle a commencé à élever la voix pour en attester *l'incontestable certitude.*

Combien de fois, N. T. C. F., du haut de la

chaire de vérité, dans nos visites pastorales et en d'autres rencontres, n'avons-nous pas entretenu votre piété de ce prodige, sur la réalité duquel le doute ne nous était pas possible?

Aujourd'hui qu'un sanctuaire va s'élever sur cette montagne bénie, à la gloire de Dieu et sous le vocable de sa très sainte Mère, nous avons cru qu'il était du devoir de notre charge pastorale de vous en informer. Nous ne pouvons pas douter qu'un grand nombre d'entre vous *n'aient été exaucés par Notre-Dame de la Salette :* vous voudrez témoigner votre reconnaissance à cette Mère de miséricorde, vous voudrez fournir votre pierre pour le bel édifice qui se construit ; nous voulons procurer à votre filiale tendresse un moyen facile de transmettre l'aumône de la foi et de la piété.

A ces causes, le saint nom de Dieu invoqué, nous avons ordonné et ordonnons :

ARTICLE 1er. Nous permettons de prêcher dans notre diocèse l'apparition de Notre-Dame de la Salette.

ART. 2. Le dimanche 19 septembre prochain, les litanies de la très sainte Vierge seront chantées dans toutes les églises et chapelles du diocèse. Elles seront suivies de la bénédiction du Saint-Sacrement.

ART. 3. Les fidèles qui voudront contribuer à l'érection du nouveau sanctuaire, pourront déposer leurs offrandes entre les mains de leur curé, qui nous les transmettra pour être envoyées à Mgr l'évêque de Grenoble.

Et sera notre présente lettre pastorale lue et publiée au prône de la messe paroissiale, le dimanche qui suivra sa réception.

Donné à Luçon, en notre palais épiscopal, sous notre seing, le sceau de nos armes, et sous le contre-seing de notre secrétaire, le 50 juin de l'an de grâce 1852.

† JAC.-MAR.-JOS., *Evêque de Luçon*

Par mandement de Monseigneur :

M. MORIN. *Chan. hon., secrétaire.*

Faveurs spirituelles accordées par le Souverain-Pontife à l'église, au pèlerinage et aux missionnaires de Notre-Dame de la Salette.

Par divers rescrits et brefs expédiés de Rome à Mgr l'évêque de Grenoble dans le cours de l'année 1852, S. S. le Pape Pie IX a daigné enrichir des faveurs ci-dessous énoncées le sanctuaire, le pèlerinage et les missionnaires de Notre-Dame de la Salette :

1º Une indulgence plénière peut être gagnée une fois par an par tous ceux qui visitent le sanctuaire de Notre-Dame de la Salette.

2º Le maître autel du sanctuaire de Notre-Dame de la Salette est déclaré *privilégié* à perpétuité.

3º Il est permis aux prêtres qui font le pèlerinage de la Salette de dire la messe *de Beata* tous les jours de l'année, excepté certaines fêtes privilégiées.

4º La confrérie de Notre-Dame-Réparatrice de la Salette est érigée en archiconfrérie, et tous ses membres peuvent gagner les indulgences qui suivent :

1º Une indulgence plénière le jour de leur entrée dans la dite archiconfrérie; 2º une indulgence plénière *in articulo mortis*; 3º une indulgence plénière une fois par an, le jour de la fête principale de l'archiconfrérie; 4º Une indulgence de sept ans et sept quarantaines, quatre fois par an, à quatre jours fixes ; 5º soixante jours d'indulgence pour chaque œuvre de piété ou de charité accomplie par eux.

5° Une indulgence plénière est accordée aux fidèles qui suivront les exercices des missions ou des retraites prêchées par les missionnaires de Notre-Dame de la Salette ; une indulgence de deux cents jours chaque fois que l'on assiste à une de ces prédications

6° Les missionnaires de la Salette ont pour dix ans le pouvoir de bénir et d'indulgencier les croix, médailles et chapelets ;

7° Ils ont aussi le pouvoir de donner le scapulaire aux fidèles.

Note relative à la principale fête de l'archiconfrérie de Notre-Dame-Réconciliatrice de la Salette, et aux prières que doivent réciter chaque jour ceux qui font partie de cette sainte association.

La fête principale de l'archiconfrérie de Notre-Dame de la Salette se célèbre le 19 septembre de chaque année, jour anniversaire de l'apparition de la sainte Vierge sur la montagne privilégiée.

Les membres de l'archiconfrérie de Notre-Dame-Réconciliatrice de la Salette doivent réciter une fois par jour le *Pater* et l'*Ave*, avec l'invocation suivante :

Notre-Dame-Réconciliatrice de la Salette, priez sans cesse pour nous qui avons recours à vous.

Les amis de la sainte Vierge apprendront avec bonheur que le 19 septembre 1852, sixième anniversaire de la *célèbre apparition*, plus de dix mille pèlerins se sont rendus sur la bénie montagne pour y rendre leurs hommages à la Reine du ciel et prier pour la France.

Indult de S. S. le pape Pie IX qui autorise la célébration dans tout le diocèse de Grenoble de la fête anniversaire de l'apparition de la sainte Vierge à la Salette.

Par un indult en date du **2 décembre 1852**, S. S. le pape Pie IX autorise Mgr l'évêque de Grenoble à faire célébrer chaque année dans toutes les églises de son diocèse, ou le **19 septembre**, ou le dimanche suivant, la mémoire de l'apparition de la sainte Vierge sur la montagne de la Salette *(Memoriam hujus apparitionis recolere)* par une grande messe et le chant des vêpres comme dans les fêtes de la sainte Vierge.

Il me semble que cet indult et les autres relatifs aux nombreuses faveurs accordées par le Souverain-Pontife au sanctuaire et au pèlerinage de Notre-Dame de la Salette, sont des preuves incontestables de la croyance de la cour romaine à l'apparition de la sainte Vierge aux bergers des Alpes.

SUPPLÉMENT

M. l'abbé Rousselot vient de publier, avec l'approbation de son vénérable évêque, un troisième ouvrage sur la Salette, dont j'ai extrait les faits suivants, que je suis heureux de porter à la connaissance de mes lecteurs.

Jugement doctrinal de Monseigneur l'évêque de Grenoble sur le fait de la Salette, et adhésions données au mandement du 19 septembre 1851.

Les âmes pieuses n'apprendront pas sans intérêt qu'avant de prononcer son *jugement doctrinal* sur le *fait* de la Salette, Mgr l'évêque de Grenoble avait eu soin d'envoyer à Rome le mandement qui contenait le jugement, afin qu'il y fût *examiné* et *approuvé*.

Non seulement les journaux de la capitale du monde chrétien ont, *avec la permission de la censure*, reproduit les deux mandements de Mgr l'évêque de Grenoble sur la Salette; ils ont de plus annoncé qu'ils recevraient dans leurs bureaux les offrandes destinées à l'érection d'un sanctuaire à Marie sur la montagne privilégiée.

Depuis que Mgr l'évêque de Grenoble a publié son mandement du 19 septembre 1851, il a reçu de sympathiques adhésions d'un grand nombre de cardinaux, d'archevêques, d'évêques, de vicaires généraux, de supérieurs de communautés, etc., et d'hommes éminents en science et en piété, des rangs les plus élevés de la société.

Mgr l'évêque de Milan a fait traduire, pour les répandre dans toute l'Italie, les mandements de Mgr l'évêque de Grenoble et les ouvrages de M. l'abbé Rousselot sur la Salette ; puis *il s'est empressé*, comme il le dit lui même, *de faire hommage de cet ouvrage au Saint-Père, et aux personnes qui occupent près de lui les charges les plus éminentes.*

On a déjà vu, dans le corps de cet ouvrage, que Mgr l'évêque de Gand a aussi fait traduire en flamand les mandements de Mgr de Grenoble sur la Salette, pour les répandre dans tous les diocèses de la Belgique ; j'apprends qu'un savant et pieux religieux de la célèbre abbaye d'Einsiedeln en Suisse a traduit en allemand ces mêmes mandements, et que trois journaux catholiques, l'un de *Soleure* et *deux d'Augsbourg*, se sont empressés de les reproduire dans leurs colonnes.

Angleterre. — Le lecteur connaît déjà l'admirable lettre pastorale que Mgr l'évêque de Luçon a adressée au clergé et aux fidèles de son diocèse, par suite du *jugement doctrinal* porté par son vénérable collègue de Grenoble sur la Salette. A peine ce précieux document fut-il parvenu en Angleterre qu'il fit pousser un cri de rage à la presse protestante de ce pays ; le *Times* surtout se distingua par ses diatribes contre la Salette. Ces attaques violentes engagèrent les catholiques anglais les plus distingués à étudier à fond le *fait* de l'apparition, afin de repousser avec connaissance de cause les sorties du *Times*. Plusieurs écrivains distingués se firent un devoir de venger l'auguste Vierge de la Salette; M. Spencer Northcole, ancien membre de l'université d'Oxford, ancien ministre protestant, aujourd'hui fervent catholique, répondit au *Times*, par un écrit raisonné sur la Salette, qu'il publia avec l'approbation de l'évêque diocésain, et qui fut parfaitement accueilli par plusieurs autres prélats et par les catholiques de la Grande-Bretagne.

Il paraît que le *bon* journal le *Times*, par ses attaques contre la Salette, a plus servi le fait miraculeux dont il s'agit, et même les intérêts de la religion catholique, que n'eussent fait 100,000 exemplaires des ouvrages les mieux écrits en faveur du culte de la sainte Vierge, et répandus à dessein dans les rangs les plus élevés de la société en Angleterre.

La religieuse Irlande n'a pas manqué non plus à payer son juste tribut à la Vierge des Alpes : le *Tablet*, journal de Dublin, a traduit intégralement, dans son numéro du 11 septembre 1852, le mandement de Mgr l'évêque de Grenoble du 19 septembre 1851, et la lettre pastorale de Mgr l'évêque de Luçon sur la Salette.

Depuis la publication du mandement du 19 septembre 1851, l'autorité ecclésiastique de Grenoble a reçu à peu près de toutes les parties de l'Europe des lettres qui témoignent de la foi que l'on a généralement ajoutée à l'événement de la Salette ; ces lettres sont conservées avec grand soin dans les archives de l'évêché de Grenoble.

Eglises et chapelles bâties, confréries érigées, et neu-vaines faites, en l'honneur de Notre-Dame de la Salette.

Avec l'autorisation des évêques diocésains : 1º on bâtit en ce moment à Nantes une magnifique Eglise, qui sera consacrée à Dieu sous l'invocation de Notre-Dame de la Salette ; 2º il existe à Morlaix une belle chapelle et un pèlerinage très fréquentés, en l'honneur de Notre-Dame de la Salette ; 3º un prêtre du département de Loir-et-Cher, M le curé de Candé, se propose de dédier à Notre-Dame de la Salette l'autel de la sainte Vierge qui sera élevé dans son église paroissiale, actuellement en reconstruction.

En Belgique, Mgr l'évêque de Gand a mis sous le patronage de Notre-Dame de la Salette l'église nouvellement bâtie d'une paroisse de 1,400 âmes ; le même prélat a érigé la confrérie de Notre-Dame de la Salette dans plusieurs communautés de son diocèse, et il prévoit que des églises paroissiales lui demanderont aussi d'avoir la même confrérie.

Dans la ville de Termonde, la confrérie de Notre-Dame de la Salette a été inaugurée en novembre 1852 par une neuvaine dont Mgr l'archevêque de Néocésarée, nonce apostolique à Bruxelles, est allé en personne faire la clôture.

Une neuvaine solennelle a été aussi faite à Ypres le 19 septembre 1852 et jours suivants, avec la permission de Mgr l'évêque de Bruges. Cette neuvaine a commencé par la bénédiction d'une image représentant la *miraculeuse apparition* de la sainte Vierge à la Salette. Tous les jours la première messe se disait à cinq heures du matin et était suivie d'un sermon en flamand. A dix heures, M. le doyen d'Ypres célébrait une messe solennelle après laquelle on prêchait en français ; à six heures et demie du soir on donnait le salut et on prêchait un second sermon en flamand.

Le dernier jour de la neuvaine, Mgr l'évêque de Bruges s'est rendu lui-même à Ypres, y a prêché et a donné la bénédiction du très saint Sacrement.

Nouveaux miracles obtenus par l'intercession de Notre-Dame de la Salette.

1º J'ai rapporté plus haut, dans les *Nouveaux Documents*, la guérison instantanée, sur la montagne et dans la chapelle de la Salette, de Mlle Lauzur de Saint-Céré, d'une cécité complète produite par une amaurose.

Ce prodige de la puissance et de la bonté de la sainte Vierge, invoquée sous le nom de la Salette, est attesté par le docteur Dupré (de Loire), médecin à Valence ; par cinquante-sept élèves du couvent de la Visitation, qui avaient eu une parfaite connaissance de la cécité de Mlle Lauzur, et par trente-six personnes qui se trouvaient sur la montagne de la Salette au moment où Mlle Lauzur recouvra miraculeusement la vue.

2° A Paris, le 15 avril 1852, Françoise Gentel, traitée à l'hôpital de Saint-Merry d'une maladie qualifiée de bronchite chlorose aménorrhée, était tombée dans un affaiblissement si considérable, par des vomissements incessants, depuis le 12 mars, qu'elle touchait à l'agonie : cette malade a été guérie sans convalescence, comme sans récidive, quelques instants après qu'elle eut pris une cuillerée d'eau de la fontaine privilégiée, et invoqué la sainte Vierge par sa miraculeuse apparition à la Salette. Ce prodige est attesté par la sœur Degore, supérieure de l'hôpital ; par M. Etienne, supérieur général des filles de la Charité, et par le célèbre docteur Récamier.

3° Le dernier écrit de M. l'abbé Rousselot, sur la Salette, contient encore le récit d'une guérison miraculeuse obtenue à Grenoble même, le 16 juillet 1852, par l'intercession de Notre-Dame de la Salette. Celui qui a reçu cette précieuse faveur était atteint, depuis dix ans, d'une maladie qui le faisait cruellement souffrir. Au mois d'avril 1852, il perdit presque entièrement l'usage des jambes, et au mois de juin des plaies nombreuses s'ouvrirent sur tous les points de son corps : on en comptait plus de trente, tant à la tête qu'à la jambe gauche.

Aux douleurs causées par ces plaies se joignirent des douleurs intérieures qui amenèrent peu à peu le malade à un état désespéré. Les médecins de Grenoble et de Montpellier avaient été consultés ; mais leurs efforts n'avaient amené aucun résultat favorable. Le malade en était là, lorsqu'on lui conseilla de faire une neuvaine en l'honneur de Notre-Dame de la Salette. M. B.... suivit volontiers cet avis ; il commença de suite sa neuvaine, et mit sur ses plaies des linges imbibés de l'eau de la fontaine privilégiée : le cinquième jour de la neuvaine, qui était le 16 juillet 1852, les douleurs avaient entièrement cessé, et les plaies avaient disparu sans former aucune cicatrice , et ne laissant d'autres marques que celle d'une chair entièrement renouvelée. Le malade recouvra également l'usage de ses jambes, et à la fin de la neuvaine il était parfaitement guéri. Huit jours après, M. B. ., fidèle à la promesse qu'il avait faite à Dieu, était à la sainte table, en compagnie de sa femme : tous deux remerciaient le Ciel de la faveur insigne obtenue par l'entremise de Notre-Dame de la Salette.

Je pourrais citer plusieurs autres guérisons miraculeuses obtenues par l'intercession de la Vierge des Alpes, et qui se trouvent également consignées dans le dernier écrit de M Rousselot ; je finis par celle de Mlle Pauline Burton, de Ciney, diocèse de Namur (Belgique).

4° Mlle Burton avait eu une bonne santé jusqu'à l'âge de dix-huit ans ; mais, s'étant alors livrée à un exercice violent, elle devint pâle et souffrante, et perdit toute gaîté ; les digestions se dérangèrent, la respiration devint courte, les forces s'énervèrent, et bientôt elle tomba dans un état d'anémie et de souffrances continuelles ; des palpitations se manifestèrent, et les médecins reconnurent enfin tous les symptômes d'une hypertrophie de cœur. Ce déplorable état dura l'espace de dix-neuf ans ; mais, au mois de mars 1850, la maladie de Mlle Burton augmenta tellement, que les médecins furent forcés de déclarer à ses parents qu'ils ne conservaient plus aucun espoir de prolonger ses jours, et que sous peu la mort viendrait mettre fin à un état si triste et si douloureux. Les choses en étaient là, lorsque pendant une neuvaine en l'honneur de Notre-Dame de la Salette, Mlle Burton recouvra tout à coup une santé parfaite. Le docteur Delvaux de Rochefort, qui rend compte de cette guérison, ajoute : *Passer ainsi du lit de la mort, et sans convalescence, à un état de santé parfaite, est une chose surnaturelle ; tout autre médecin qui, comme moi, aurait suivi la maladie depuis tant de temps, serait aussi forcé, pourvu qu'il eût un peu de bonne foi, de confesser la réalité du miracle.*

La lettre de M. le curé de Ciney à M. l'abbé Rousselot, dans laquelle il raconte la guérison miraculeuse de Mlle Burton, est légalisée par Mgr l'évêque de Namur.

Des lettres de Belgique annoncent plusieurs

autres bienfaits signalés également obtenus par l'intercession de la Vierge des Alpes. Marie veut, sans doute, par ces nombreuses faveurs, récompenser la tendre piété des Belges à honorer sa très miséricordieuse apparition à la Salette.

On sait que Mélanie Mathieu est actuellement religieuse professe à la communauté de la Providence de Corens, où elle se conduit en ange. Quant à Maximin, qui est en cinquième au petit séminaire de Grenoble, il se conduit bien, et commence à faire des progrès dans ses classes.

Lorsqu'on demanda à Maximin s'il consentirait à révéler son secret à N. S. P. le Pape, il répondit affirmativement, après quelques moments d'hésitation : *Car*, ajouta-t-il, *mon secret, ce sont des choses qui doivent être connues.*

Mélanie a déclaré à quelqu'un qui l'interrogeait à cet égard, *qu'elle a fait connaître au Pape les dates des événements futurs que la sainte Vierge lui a prédits.* Il paraît, comme je l'ai déjà dit plus haut, qu'une partie du secret de la jeune bergère est relative à la personne du Souverain-Pontife lui-même.

Mélanie répondait, il y a quelque temps, à un Monsieur qui semblait douter de la vérité de l'apparition, parce que disait-il, la famine annoncée par la sainte Vierge, n'est pas venue : *Mais vous êtes bien pressé !*

Les enfants, comme l'a fort bien remarqué Mgr l'évêque de Luçon dans sa lettre que j'ai insérée dans cet ouvrage, *ont écrit leur secret comme s'ils l'avaient lu dans un livre.*

Que dire de l'assentiment général des hommes pieux et instruits de tous les pays au fait de la Salette? des nombreux miracles que Dieu ne cesse d'opérer pour attester la vérité de ce fait? du secret des bergers révélé au Pape, et qui a fait sur lui une si grande impression? enfin des faveurs signalées accordées par Rome à l'église et au pèlerinage de la Salette? Sinon que *l'apparition du 19 septembre 1846 est indubitable et certaine,* comme l'a proclamé Mgr l'évêque de Grenoble dans son immortel mandement du 19 septembre 1851, et qu'il est de l'intérêt, comme du devoir de la France, de profiter des avertissements maternels que la Reine du ciel est venue lui donner avec tant de tendresse. Déjà, sans la protection spéciale de la sainte Vierge, nous aurions sans doute éprouvé une partie des malheurs annoncés aux bergers des Alpes. Naguère, en effet, l'ordre, la civilisation et la société ont été sur le point d'être engloutis dans un commun abîme.... Tout le monde l'a compris, et cependant qu'a-t-on fait pour remercier Dieu d'une telle faveur? Où sont ceux que la reconnaissance a convertis? Quel changement moral s'est opéré parmi nous? Pouvons-nous croire que nous en ayons fait assez pour conjurer les autres fléaux dont la sainte Vierge a entretenu les enfants de la Salette! Hélas! il faut bien le reconnaître avec un profond sentiment de douleur :

lorsque nous portons nos regards autour de nous, que nous plongeons, par la pensée, dans le fond des cœurs, nous remarquons le même dégoût pour la vérité, la même insouciance pour les intérêts éternels, le même éloignement pour les pratiques les plus saintes, pour les devoirs les plus sacrés.... Que dire en particulier de la profanation du saint jour du dimanche, qui est devenue presque générale ? Trop souvent, au moment même où l'hostie vivante s'immole dans chaque paroisse sur l'autel, on trouve le marchand à son comptoir, l'artisan dans son atelier, le laboureur dans son champ, et une multitude d'oisifs sur les places publiques.... Oh ! tandis qu'il en sera ainsi, tandis que l'on foulera aux pieds une loi si sacrée, et qui, comme disent fort bien Son Eminence Mgr le cardinal archevêque de Besançon et Mgr l'évêque de Nevers, dans leurs mandements pour le carême de 1855, *établit une ligne de démarcation entre l'homme terrestre et l'homme spirituel, entre le chrétien qui croit au Ciel, et l'impie qui ne veut avoir que la terre pour son partage ; tandis, enfin, qu'on ne reviendra pas franchement aux lois fondamentales que Dieu a données pour règle aux sociétés, on doit toujours craindre la main redoutable du Seigneur, et le glaive de sa justice qui apparaît toujours menaçant sur nos têtes.*

NEUVAINE

EN L'HONNEUR DE NOTRE-DAME DE LA SALETTE.

Les Litanies de la sainte Vierge, un Pater et un Ave, et la prière suivante, composée par saint Bernard.

Souvenez-vous, ô très pieuse Vierge Marie! que jamais on n'a ouï dire qu'aucun de ceux qui ont eu recours à votre protection et ont imploré vos suffrages, ait été abandonné. Animé d'une pareille confiance, ô Vierge reine des vierges! ô ma Mère, je cours et viens à vous, et, tout pécheur que je suis, j'ose paraître devant vous en gémissant. O Mère du Verbe de Dieu, ne rejetez pas mes humbles prières; mais écoutez-les favorablement, et daignez les exaucer.

INVOCATION. — *Notre-Dame de la Salette, priez toujours pour nous qui avons recours à vous.*

FIN

Plancy. — Société de Saint-Victor, J. Collin, impr.